Chefsache Vertriebseffizienz

Dominik Fürtbauer · Marc Heemskerk ·
Dieter Menyhart · Roberto Wendt ·
Claus Zerenko

Chefsache Vertriebseffizienz

Einfach verkaufen

Dominik Fürtbauer
Offenhausen, Österreich

Marc Heemskerk
Jülich, Deutschland

Dieter Menyhart
Siebnen, Schweiz

Roberto Wendt
Vertriebscockpit Akademie®
Bremen, Deutschland

Claus Zerenko
Zerenko Industrial Branding GmbH
Linz, Österreich

ISBN 978-3-658-12445-8   ISBN 978-3-658-12446-5 (eBook)
DOI 10.1007/978-3-658-12446-5
Die Deutsche Nationalbibliothek verzeichnet diese Publikation in der Deutschen Nationalbibliografie; detaillier-
te bibliografische Daten sind im Internet über http://dnb.d-nb.de abrufbar.

Springer Gabler
© Springer Fachmedien Wiesbaden GmbH 2017

Einbandabbildung: fotolia.de

Gedruckt auf säurefreiem und chlorfrei gebleichtem Papier.

Springer Gabler ist Teil von Springer Nature
Die eingetragene Gesellschaft ist Springer Fachmedien Wiesbaden GmbH
Die Anschrift der Gesellschaft ist: Abraham-Lincoln-Strasse 46, 65189 Wiesbaden, Germany

Geleitwort

Ausgangssituation

Vertriebsmitarbeiter erreichen trotz guter Erfahrungen im Umgang mit Menschen in den Verkaufsgesprächen oft nicht die gewünschten Erfolge und Abschlüsse. Die Gründe hierfür können vielfältig sein: mangelnde Produktkenntnisse, fehlende Vertriebskompetenz oder auch einfach, nicht den Willen und die Einstellung zu haben, erfolgreich zu sein.

Oh, Sie vermissen den Preis? Dann sollten Sie dieses Buch nicht kaufen und auch ab sofort nicht weiterlesen. Vertriebsmitarbeiter, die nur über den Preis verkaufen können, sind für mich keine Verkäufer. Sie haben das Prädikat Verkäufer, Key Account Manager oder gar Vertriebsleiter nicht verdient.

Was macht also einen guten Verkäufer/Vertriebler aus? Wann kann man bei diesem Verkäufer oder der Vertrieblerin von Vertriebseffizienz sprechen? An erster Stelle kommt der Abschluss. Egal ob Sie „Hard-Selling", „Soft-Selling", „Love-Selling" oder „Was-weiß-ich-für-Selling" als Vertriebsmethode benutzen, bei Vertriebsmitarbeitern zählt nur der Abschluss.

Doch was braucht ein Verkäufer, um effizient im Abschluss zu sein? Apropos, kennen Sie den Unterschied zwischen effektiv und effizient? Gerne nehme ich zum Erklären dafür mein Beispiel des Tischfeuerwerks. Während des Feuerwerks fängt die Tischdecke Feuer und beginnt zu brennen. Auf dem Tisch steht eine Flasche Mineralwasser und eine Flasche Champagner. Beides eignet sich zum Löschen der Flammen. Mineralwasser und Champagner löschen das Feuer effektiv, aber nur das Mineralwasser löscht das Feuer effizient. Mineralwasser kostet einfach nur einen Bruchteil vom Champagner. Doch nun endlich zurück zum effizienten Verkäufer und zur effizienten Verkäuferin. Diese brauchen aus meiner Erfahrung acht Vertriebserfolgsfaktoren.

1. Emotionale Belastbarkeit

Vertrieb ist ein harter Job. Emotionen und Gefühle immer im Griff zu haben, ist nicht immer ganz einfach. Oft bekommt der Vertriebler neunmal ein Nein zu hören, bevor er ein Ja vernimmt und zum Abschluss kommt. Ich spreche aus eigener Erfahrung, auch ich habe lernen müssen mit einem Nein des Kunden umzugehen. Heute spornt mich ein

Nein an. Ich mache es mir zum Spiel, denn wenn der Kunde Nein sagt, erst dann fängt das Verkaufen an. Das kann natürlich für den einen Verkäufer oder die Verkäuferin recht stressig sein. Daher ist eine Zusatzausbildung im Umgang mit Stress und deren Prävention für Vertriebsmitarbeiter aus meiner Sicht sehr empfehlenswert. Gute Vertriebsleiter haben das erkannt und unterstützen die Gesundheit ihrer Vertriebsmitarbeiter ganz vorbildlich.

2. Geistige Flexibilität
Nichts ist so beständig wie der Wandel. Kein Kunde, kein Verkaufsgespräch ist identisch. Das fordert Kreativität und Ideenreichtum. Je größer Ihr Vertriebswerkzeugkoffer ist, je mehr Sie über das Produkt und aber auch den Kunden wissen, desto größer die Abschlusschance. Ständige Weiterbildung, nicht nur über Methoden, Techniken oder Rhetorik, sondern auch über die Bedürfnisse und Wünsche des Kunden sind verpflichtend. Aber vergessen Sie hierbei Ihre Wünsche nicht.

3. Hohe Sozialkompetenz
Basis hierzu ist professionelle Kommunikation. Ein Vertriebsmittarbeiter muss reden und aktiv auf Menschen zugehen können. Keine Angst haben, Menschen anzusprechen muss im Vertriebsgen verankert sein. Geselligkeit, Unterhaltung, ja auch manchmal der Clown zu sein, bilden die Grundlagen der Sozialkompetenz. Auch mal was von sich preisgeben, über eigene Gefühle und Gedanken im richtigen Zeitpunkt zu sprechen, erhöhen die Vertriebschancen. Natürlich gehört in dieser Rubrik auch eine entsprechende Selbstdarstellung dazu. Selbstvertrauen und Selbstwert unterstützen dieses. Vergessen Sie nie: Sieger kaufen von Siegern. Oder anders ausgedrückt: Was nützt Ihnen das beste Produkt, wenn Sie keiner kennt? Aber Vorsicht, nur reden alleine nützt nichts. Ein exzellenter Vertriebler hört vor allem zu.

4. Teamorientierung
Verkauf ist immer ein Teamevent. Nie gewinnt der Verkäufer vor Ort alleine. Das Verkaufsgespräch mit Abschluss, das sind nur 5 % der Vertriebsarbeit. Vertriebseffizienz heißt das Verkaufsteam gemäß den individuellen Stärken einsetzen. Wenn jemand gerne telefoniert, dann soll er oder sie telefonieren, wenn jemand gerne recherchiert, dann soll der oder diejenige recherchieren. Nur wenn jedes Teammitglied dort eingesetzt wird, wo es sich wohlfühlt, wo es am stärksten ist, ist Effizienz garantiert.

5. Gewissenhaftigkeit
Pflichtbewusstsein, Regelkonformität und Sorgfalt bei der Aufgabenbearbeitung bilden weitere Erfolgsfaktoren. Vom Fleiß möchte ich gar nicht erst anfangen zu schreiben. Vertrieb ist Fleißarbeit, wer das noch nicht verstanden hat, ist fehl am Platz.

Und ja, wichtig: Setzen Sie CRM-Tools ein! Sie können die Informationen über den Kunden speichern und sich notieren, wann Sie mit ihm wie in Kontakt getreten sind, welche Angebote er bereits von Ihnen erhalten hat und vieles, vieles mehr. Oft wir das CRM-System als Übel des Vertrieblers bezeichnet, da damit deren Arbeit kontrolliert wird. Wer so denkt, hat bereits verloren. Effiziente Vertriebler nutzen das CRM-System zu ihren Vorteilen. Etwa als digitale Gedächtnisstütze. Die Informationen stehen dem Vertriebler per Mausklick zur Verfügung. Sie wissen ja, das Sammeln, das Filtern und das Analysieren von Kundendaten, sind immer wichtiger geworden. CRM-Systeme, die auf den Punkt, zum richtigen Zeitpunkt, Zugriff auf aktuelle Infos erlauben, sind für den Erfolg entscheidend. Ich persönlich liebe CRM-Tools.

6. Leistungsmotivation

Ich will erfolgreich sein. Ja, ich habe den Willen zum Erfolg. Streben Sie nach Zielen, setzen Sie sich tagtäglich Ziele, die Sie erreichen möchten. Setzen Sie sich hohe, fordernde aber auch erreichbare und messbare Ziele. Weg mit dem „Das-Schaff-Ich-nie-Gedanken". Weiteres Produktwissen kann ich lernen, Vertriebstaktiken kann ich lernen, aber „persönliche Einstellung" kann ich nicht lernen. Entweder ich habe sie oder ich habe sie nicht. Die persönliche Einstellung zum Vertriebsjob ist eine der Kernbotschaften für den Erfolg.

7. Risikobereitschaft

Ein effizienter Vertriebsmitarbeiter geht Risiken ein. Auch das Risiko, einen Auftrag mal zu verlieren. Und wenn das dann so ist, hilft die alte Vertriebsweisheit: „Lass ihn zischen, nimm nen Frischen".

Risikobereitschaft heißt aber auch, neue Wege im Vertrieb zu gehen. Kennen Sie die Strategie des blauen Ozeans? Wenn nicht, dass sollten Sie das Buch „Der Blaue Ozean als Strategie" (Kim und Mauborgne 2005) lesen. Es zeigt Ideen auf, anders zu denken und zu handeln. Cirque du Soleil ist mit dieser Strategie zum erfolgreichsten Zirkus der Welt geworden.

8. Digitalisierung – Vertrieb 6.0

Die Digitalisierung bestimmt mehr und mehr das Handeln, doch viele Vertriebler haben immer noch nicht verstanden, dass sich die Geschäftswelt verändert hat. Um im Wettbewerb zu bestehen, sind Firmen heute mehr und mehr gefordert, auf die digitalen Kanäle, wie das Web oder Social Media zu setzen. Wie das funktionieren kann, habe ich schon im Buch „Chefsache Social Media Marketing" mit Dominik Fürtbauer beschrieben. Denn der Kunde ist heute, wie die Privatperson, egal ob im B2C oder B2B, im Normalfall ein Netzwerker. Er ist informiert und aufgeklärt, teils besser als der Vertriebsmitarbeiter. Er sammelt Hintergrundinformationen im Internet, weiß ganz genau, was er will. Das bedeutet für den Verkäufer, dass die Qualität des Vertriebsgespräches sich künftig ändern wird, ebenso wie die Kundenbetreuung. Der Vertriebsmitarbeiter wird in erfolgreichen Gesprächen immer mehr zum Partner, zum Coach oder Mentor des Kunden. Auf Folgendes kommt es darauf an:

Verlassen Sie sich bei der Kundengewinnung nicht nur auf klassische Vertriebskanäle. Treten Sie überall dort mit Ihrem Kunden in den Dialog, wo er sich aufhält: in sozialen Netzwerken, den Social-Media-Kanälen Facebook, Xing, LinkedIn, Google+, YouTube sowie sonstige Plattformen – etwa Wikipedia oder branchenspezifische Portale, checken

Sie Chats und schauen Sie, wo er im realen Leben (Verbände, Vereine, Businessclubs) aufkreuzt.

Weiter ist eine gute Vorbereitung im Vertrieb heute viel wichtiger als früher. Denn der Kunde ist gut informiert, nicht selten sogar besser informiert. Er überzeugt durch Fachkompetenz und Wissen! Bieten Sie ihm Alternativen.

Beraten, mentoren und coachen Sie auf Augenhöhe. Streichen Sie den Begriff „Verkaufen" aus Ihrem Gedächtnis. Kaufen lassen ist das neue Verkaufen! Das heißt: gute Fragen stellen und dem Kunden auf diese Weise helfen, beraten und coachen, seine Kaufentscheidungen zu fällen. Begleiten Sie den Kunden! Vermeiden Sie Floskeln, denn auf gespielte Zustimmung legt der Kunde keinerlei Wert. Nehmen Sie diesen Anspruch des Beratens wahr. Der Kunde dankt es Ihnen. Vergessen Sie aber auch in Zeiten der Digitalisierung nie: Geschäfte werden mit Menschen für Menschen gemacht. Menschen kaufen von Menschen. Vertrauen spielt dabei wie immer die entscheidende Rolle. Nachhaltige Werteorientierung eben.

Die gerade genannten acht Vertriebseffizienzerfolgsfaktoren zu kennen ist das eine, diese umzusetzen ist das andere. Ich habe daher vor zehn Jahren die PERFORMER-Methode entwickelt, die mir und vielen meiner Kunden bei der Umsetzung von Vertriebszielen hilft. Wenn Sie nach dieser Methode vorgehen, diese mit den Effizienzfaktoren anreichern, dann ist Vertriebserfolg vorprogrammiert.

1. Purpose

Was wollen Sie wem verkaufen?

Was ist der Zweck des Verkaufes?

Was wollen Sie erreichen?

Welchen Mehrwert hat der Verkauf für den Kunden?

2. Empowerment

Wie wollen Sie verkaufen?

Welche Werkzeuge brauchen Sie?

Haben Sie die notwendige Ausbildung?

Haben Sie die notwendige Produktkenntnis?

3. Relationship

Wer hilft Ihnen im Verkauf erfolgreich zu sein?

Wer kann Ihnen Türen öffnen?

Wo treffen sich Ihre Kunden?

4. Flexibility

Haben Sie einen Plan B oder gar Plan C in der Schublade?
Wenn Sie auf dem ursprünglich angedachten Weg nicht zum Ziel kommen, welche Alternativen haben Sie?

5. Optimism

Sind Sie motiviert?
Wollen Sie diesen Verkauf auch wirklich tätigen?
Was treibt Sie dazu an, erfolgreich zu sein?
Wozu wollen Sie verkaufen?

6. Respect

Wie stehen Sie zum Kunden?
Teilen Sie seine Ansichten, Wünsche?
Gehen Sie mit ihm eine Partnerschaft ein?

7. Magnetism

Wie ist Ihr Auftritt?
Wie wirken Sie im Eigenbild und Fremdbild?
Wie ist Ihre Körpersprache?

8. Energy

Haben Sie Leistungsreserven?
Sind Sie gesund und fit?
Was tun Sie für Ihre Gesundheit?
Gibt es Ansatzpunkte, die Sie mit Ihrem Kunden teilen können?
Leben Sie eine Work-Life-Balance?

9. Repetition

Üben, wiederholen, hinterfragen Sie die vorangegangen acht Punkt regelmäßig?

Die Autoren des Buches Chefsache Vertriebseffizienz sind allesamt Vertriebsexperten. Unterschiedlicher könnten sie aber nicht sein. Jeder von ihnen hat seine explizite Vertriebsmethode gefunden, um erfolgreich zu sein. Deshalb unterscheiden sich ihre Vertriebstipps auch in Form und Inhalt.

Dominik Fürtbauer ist der jüngste Vertriebsprofi unter den Autoren. Im Gegensatz zu den anderen Autoren ist Dominik ein regelrechter Generation-Y-Vertriebler. Für Dominik fängt Vertrieb bereits vor dem verkaufen an, im Social Media Marketing. Dass dieses zum Erfolg führt hat er bereits mit dem Buch „Chefsache Social Media Marketing" bewiesen, welches auf den Amazon-Bestseller-Listen im Jahr 2015 in drei Kategorien auf Platz 1 gelistet war. Dominik hat sich für diese Methode entschieden, da sie sehr zielorientiert ist. Gezieltes Ansprechen ist hier kaum mit Streuverlusten möglich. Was Dominik in seinem Beitrag beschreibt ist, dass Social Media Marketing ein Teil der Markenkommunikation sein muss. Mit dieser Vorgehensweise, der Unterstützung von Social Media Marketing, begleitete er sehr erfolgreich mehrere Startups und führte diese in durchschnittlich 18 Monaten zum Erfolg.

Marc Heemskerk setzt auf ehrliche Umgangsformen, am liebsten, so erzählte er mir in einem Interview, nimmt er seine Kunden direkt an die Hand und begleitet diese durch den ehrlichen Vertriebsprozess und das nun schon über 20 Vertriebsjahre. Unehrlichkeit, so berichtete er mir weiter, kommt immer wie ein Bumerang zurück und bringt wenn überhaupt nur kurzfristige Erfolge, aber keine langfristigen nachhaltig produzierten. In seinem Beitrag bietet er dem Leser praxiserprobte Tipps für den umsetzbaren Vertriebserfolg an. Als ehemaliger Top-Verkäufer im Hause der Deutschen-Bank-Gruppe weiß er, wovon er berichtet. Den Erfolg vom Vorjahr zu wiederholen, sieht er dabei in der Vertriebswelt als am schwierigsten an, da die meisten Vertriebsmitarbeiter sich auf großen Erfolgen ausruhen.

Dieter Menyhart ist seit über 30 Jahre im Vertrieb tätig. Für ihn ist die VFM-Vertriebsmethode (Value for Money) – vom Verkäufer zum Challenger – am effektivsten. In seinem Beitrag schreibt er über die Sparringspartnerschaft zwischen Kunden und Verkäufer. Kunden wollen keine „Ja-Sager". Echte Vertriebsmitarbeiter reden nicht nur über den Vertrieb, sie tun es jeden Tag immer und immer wieder.

Als Vertriebshighlight konnte Dieter als kleinster ICT-Anbieters im größten Retail-Kanal der Schweiz über 70 % Marktanteil und einen Umsatz von 180 Mio. Schweizer Franken realisieren. Chapeau!

Roberto Wendt ist ebenfalls seit über 25 Jahren im Vertrieb erfolgreich tätig. Für Roberto ist allerdings das Empfehlungsmarketing die effektivste Vertriebsmethode. Diese Aussage von ihm kann ich nur unterstreichen, auch ich mache gut 80 % meines Vertriebsumsatzes durch Empfehlungsmarketing. Über Zeugen überzeugen, ist nach wie vor eine sehr erfolgreiche Methode. Roberto behauptet von sich, dass er aus fast jedem Termin mit einem Auftrag, plus und das ist für Empfehlungsvertrieb ein Muss-Kriterium, einem neuen Kontakt zu einem potenziellen Kunden, geht. Sein Tipp: Bereiten Sie sich so intensiv und intelligent auf ein Kundengespräch vor, dass Sie mit allerhöchster Wahrscheinlichkeit mit einem Auftrag oder einem attraktiven Kontakt rausgehen, der Sie zum nächsten Auf-

trag bringt oder Ihnen neue Geschäftsnetzwerke auf dem Silbertablett serviert. Stolz ist er
unter anderem darauf, dass er nach dem Kauf einer Firma die beiden Vertriebsorganisatio-
nen fusioniert und in Workshops und persönlichen Gesprächen die Strategie zielorientiert
umgesetzt hat. Von den 2000 Kunden haben 1999 Kunden weiter gekauft, so dass die
vereinbarten Umsatzzahlen schon im September des Jahres erreicht waren, obwohl die
Fusion erst im März stattgefunden hat.

Claus Zerenko ist ebenfalls ein langjähriger Vertriebsprofi. 25 Jahre Vertriebserfahrung
weist sein Vertriebskonto auf. Claus arbeitet am liebsten mit dem „Book Yourself Solid®
System" von Michael Port. Dieses System ist für Claus die einzige Methode, bei der er als
introvertierter Verkäufer Kalt-Akquise vermeiden kann. Somit beschreibt Claus Zerenko
in seinem Kapitel eine sehr strukturierte Methode, um mehr Kunden zu gewinnen – ganz
ohne Kalt-Akquise. Er selbst kommt aus der Praxis und hat so eine namhafte und kreative
Werbeagentur aufgebaut – mit 25 Mitarbeitern. Dazu waren einige Vertriebserfolge nötig.
Wie er das gemacht hat, lesen Sie in seinem Kapitel.

Nun wünsche ich Ihnen, liebe Leser, viel Spaß beim Lesen, Lernen und Profitieren. Finden Sie Ihre persönliche Vertriebserfolgsmethode, denn nur dann wirken Sie authentisch
und werden zum Vertriebsperformer.

Ihr Peter Buchenau
im Januar 2017

Die Autoren

Dominik Fürtbauer ist ein international gefragter Speaker. Er zeigt auf, welche Strategien Unternehmen verfolgen müssen, damit diese in Zeiten der Digitalisierung gegenüber Konkurrenten wettbewerbsfähig bleiben. Dominik Fürtbauer stammt aus einer Generation, welche sich eine Welt ohne Smartphones und Social Media nicht vorstellen kann. Das macht Social Media zu seinem zweiten Zuhause. Er weiß, worauf es in der Kommunikation ankommt und wie seine Generation erreicht werden will. Zahlreiche Unternehmen beziehen sein Wissen und generieren daraus einen Wettbewerbsvorsprung. 2012 gründete Dominik Fürtbauer das Unternehmen „Performance Marketing GmbH". Er hilft Unternehmen dabei, ihr Business weiterzuentwickeln und bringt Unternehmen zu deren Kunden im Social Web. Mit seinem Wissen schaffte er es, mehrere Startup-Unternehmen und bestehende Unternehmen zum Marktführer zu positionieren.

Marc Heemskerk ist ein „sales man" durch und durch. Als Nachkömmling einer holländischen Piratendynastie ist dem 1975 geborenen Rheinländer eine ordentliche Portion Extrovertiertheit in die Wiege gelegt worden.
Nach erfolgreichem Abitur war der Plan zunächst eine solide kaufmännische Ausbildung unter dem Dach einer deutschen Großbank zu absolvieren, um danach mit einem Wirtschaftsstudium eine steile Karriere im Berufsleben zu starten. Doch so weit kam es nicht… Bereits während der Ausbildung wurde sein Verkaufstalent von seinen Vorgesetzten erkannt und das Studium ad acta gelegt. So wurde Marc Heemskerk bereits in seiner Ausbildung im Verkauf eingesetzt und erzielte

innerhalb kurzer Zeit deutlich höhere Umsätze als die dort langjährig tätigen Verkäufer. Unter über 120 Verkäufern in seinem Verkaufsgebiet belegte Marc Heemskerk kontinuierlich einen der ersten drei Plätze im Umsatz. Bald schon zählte er bundesweit zu den Top-Verkäufern.

Nachdem ihm Führungsaufgaben übertragen wurden, gab Marc Heemskerk sein Verkaufswissen sowie seine Systematik zahlreichen Kollegen weiter. Fortbildungen standen während des Berufslebens stets an oberster Stelle des Selfmadeverkäufers. Zahlreiche Bücher, tausende Verkaufsgespräche, unzählige Seminare und hunderte Gespräche mit den Erfolgreichsten seiner Branche führten in der Summe zu einem mehr als geballten Know-how. Die Essenz aus diesen Erfahrungswerten gibt Marc Heemskerk heute an alle Verkäufer weiter, die erfahren möchten, wie effektiver und umsatzstarker Vertrieb heute funktioniert.

Er selbst sagt: „Jeder kann seine Verkaufsperformance mit einfachen und wirksamen Techniken bzw. Systemen nachhaltig deutlich steigern."

Dieter Menyhart – verkauft! Der Schweizer ist der Kundengewinnungs-Experte Nr. 1. Mit über 30 Jahren eigener Verkaufserfahrung, davon 12 Jahre in Führungspositionen in nationalen und internationalen Unternehmen und 320 Millionen Schweizer Franken Umsatz, gibt er Heute sein Erfolgswissen an Verkäufer von erfolgreichen Unternehmen weiter. Er bringt Unternehmer und Verkäufer in die Pole-Position, um eine Vorreiterrolle in ihren Märkten zu übernehmen. Seine Botschaft ist klar: „Der zweite Sieger ist nur der erste Verlierer". Seine Konzepte und seine Praxis-Trainings überzeugen auf der ganzen Linie mit messbaren Ergebnisse und Erfolge. Gerade im Zeitalter der Digitalisierung kennt er die Herausforderungen an den Verkauf und vermittelt er die wirksamen Lösungen, damit Unternehmen und ihr Sales nachhaltig die Nr. 1 Position bei ihren Kunden erreichen und auch behalten! Sein Motto lautet: „Verkaufe nicht Produkte, begeistere Deine Kunden".

Roberto Wendt war schon als Jugendlicher an Effizienz interessiert. Er geht einen Weg sehr sehr ungern zweimal. Und wenn er unterwegs ist, dann nimmt er stets Gegenstände mit, die irgendwo hin müssen. Er geht nie leer oder sinnlos erscheinende Wege. Das, was Wendt in seinem Alltag automatisch integriert hat, macht er auch im Vertrieb. Sein Anspruch ist es immer: Im ersten Verkaufs-Gespräch wird der Auftrag gemacht, bzw. findet zumindest eine Entscheidung statt. Ein zweites Mal fährt er nicht zum potenziellen Kunden, um darüber zu reden, sondern nur, um den Auftrag auszuführen. Und darum geht es – wie können Sie Verkaufsgespräche so vorbereiten, dass sie möglichst im ersten Anlauf einen Auftrag bekommen, oder eben sich dagegen entscheiden. Natürlich kann sich auch Ihr potenzieller Kunde gegen Ihre Dienstleistung oder Ihr Produkt entscheiden, allerdings wird das, wenn Sie die Inhalte konsequent umsetzen, erheblich weniger vorkommen, als das eventuell bis jetzt der Fall ist. Oder Ihnen wird bewusst, warum Sie erfolgreich sind und können dieses Talent noch weiter ausbauen.

In über 100 Verkaufstrainings und 50 Verkaufsberatungen in jedem Jahr geht es bei Roberto Wendt immer um den Punkt Vertriebseffizienz. Da er selbst schon in der Schulzeit den Fokus auf die Effizienz gelegt hat, war und ist es ihm wichtig, alles so schnell wie möglich und dabei, so gut wie möglich umzusetzen. Effizient und dabei möglichst nah an der besten Lösung, des derzeit machbaren zu sein.

Claus Zerenko wurde 1963 in Österreich geboren und lebt mit seiner Familie in Linz. Er ist seit über 25 Jahren in Marketing und Werbung tätig. Im Jahr 1993 gründete er seine eigene Werbeagentur und fokussierte sich auf den Bereich Industrial Branding. Seit drei Jahren unterstützt er Kreativ-Unternehmer und wissensbasierte Dienstleister dabei, mehr ideale Kunden zu gewinnen. Besonders dann, wenn sie – wie er – klassische Vertriebs-Methoden wie z.B. Kalt-Akquise nicht mögen.

Weitere Infos unter www.mehrkundenbitte.com

Inhaltsverzeichnis

Social Media im Vertrieb – Wie auch Sie mit SocialSelling erfolgreich sein können

Die Strategie eines jeden Unternehmens stützt sich bewusst, aber auch unbewusst, auf vier Säulen. Diese bilden die Voraussetzung dafür, dass Unternehmen ihr Produkt oder ihre Dienstleistung erfolgreich am Markt platzieren können, und beinhalten grundlegende firmenpolitische Entscheidungen zur Produktpolitik, zur Preispolitik, zum Vertrieb und in der Kommunikation – Product, Price, Place, Promotion.

Wenn wir heute vom Marketingmix reden und dabei an die vier großen Ps denken, so bedeutet dies nicht unbedingt, dass wir immer noch von den gleichen Abläufen sprechen, wie vor mehr als 50 Jahren, als der Marketingmix zum ersten Mal definiert wurde. Am deutlichsten wird dies gegenwärtig in der Kommunikationspolitik, der Werbung, wo bereits seit vielen Jahren verstärkt auf neue digitale Kanäle gesetzt wird und Social Media in erfolgreichen Unternehmen eine entscheidende Rolle spielt. Der Siegeszug von Social Media macht aber auch vor allen anderen Bereichen der Unternehmenspolitik nicht halt. So bieten sich beispielsweise im Recruiting, aber auch im Vertrieb zahlreiche neue Möglichkeiten, um Erfolg zu optimieren.

1.1 Vertrieb kommt nicht nur von vertreiben

Der klassische Vertrieb versteht sich als Bindeglied zwischen Unternehmen und Kunden. Kunden können dabei Unternehmen oder private Endverbraucher sein. Diese gilt es in erster Linie zu identifizieren und zu lokalisieren, um sie ansprechen zu können, ihren Bedarf zu ermitteln und Angebote zu erstellen, Kontakt herzustellen und alle weiteren Aufgaben im Bereich des Vertriebs erfolgreich abzuwickeln.

Wer sich die Vielfältigkeit der Aufgaben im Vertrieb ansieht, bemerkt sehr schnell, dass es hier nicht nur um den schnellen Sale geht, sondern dass am Ende die möglichst lange Bindung des Kunden an das Unternehmen als langfristiger Erfolg zählt. Wir sehen also, es geht um mehr, als etwas an den Mann oder die Frau zu bringen. Aber wer weiß das besser als wir, die wir uns täglich mit den Aufgaben auseinandersetzen.

© Springer Fachmedien Wiesbaden GmbH 2017
D. Fürtbauer et al., *Chefsache Vertriebseffizienz*, DOI 10.1007/978-3-658-12446-5_1

Natürlich lässt sich nun auch in diesem wesentlichen Bereich eines Unternehmens zunehmend moderne Technik einsetzen. Karteikarten haben ausgedient, es lebe die Digitalisierung. Schnell und umfassend alles griffbereit zu haben lautet die Devise und dennoch tut man sich gerade im Vertrieb schwer mit der modernen Kommunikation. Noch immer wird der persönliche Kontakt propagiert und fast jeder Vertriebsleiter schwört auf das, was er vor 20 Jahren mal gelernt hat. Hier muss man sich die Frage stellen: Schwören denn die Kunden auch noch auf das, was vor 20 Jahren mal „hip" war? Die einfache Antwort lautet schlichtweg: Nein! Dabei spielt es gar keine Rolle, ob ich im Vertrieb im B2B- oder Endkundenbereich (Verbraucher) tätig bin. Erfolgreiche Unternehmen haben längst den Weg ins Internet gefunden und sind auf den Plattformen aktiv geworden, wo ihre Kunden Informationen suchen, sich unter einander austauschen und auch Kaufentscheidungen treffen, im Social Web.

1.2   Von nichts kommt nichts – Vertrieb ist ein hartes Brot

Neben der Kenntnis des Marktes und des eigenen Produkts sind Kontakte die entscheidende Voraussetzung für erfolgreichen Vertrieb. Gemeinhin entstehen Kontakte in jahrelanger guter Arbeit und strategischem Aufbau von Kundenkreisen. Dabei ist der Vertrieb kein Hans Dampf in allen Gassen, sondern ist gezielt auf der Suche nach Möglichkeiten, die anvisierte Zielgruppe zu erreichen. Messebesuche, Gesprächstermine, Klinkenputzen, Mitgliedschaften in Verbänden und Vereinen, die klassische Visitenkarte immer dabei, so sieht der Alltag im klassischen Vertriebsaußendienst beispielsweise aus. Ganz Moderne betreiben Telefon- und E-Mail-Marketing oder bieten Newsletter an.

Wie aber lassen sich diese Maßnahmen optimieren beziehungsweise mit Social Media ergänzen? Die Antwort darauf ist in erster Linie simpel: Indem man Social Media erst einmal nutzt.

1.3   Social Media – kein Ding mit sieben Siegeln

Sie heißen beispielsweise XING, Twitter, Facebook, Snapchat, LinkedIn oder Instagram – die großen Plattformen, die Menschen zusammenbringen und als Social-Media-Plattformen uns alle in Zukunft maßgeblich beeinflussen.

Überlegen wir kurz, was Social Media eigentlich sind! Social Media – soziale Medien – sind Treffpunkt und Tummelplatz für Menschen und Unternehmen, für Werbetreibende, Freunde und Familien, für Neugierige und Interessante, für Macher, Kunden und Käufer, kurz gesagt, ein Platz für Menschen wie du und ich, das virtuelle Spiegelbild dessen, was wir als persönlichen Kontakt täglich bei unserer Arbeit und im privaten Bereich erleben. Social Media ist ein riesengroßer digitaler Marktplatz, den es zu erobern und zu nutzen gilt.

Reichweite und gezieltes Verbreiten, das heißt, möglichst viele potenzielle Kunden direkt ansprechen zu können, ist einer der größten Vorteile bei Social Media. Neben der Möglichkeit, klassische Vertriebsmethoden auf den Vertrieb in Social Media Kanäle übertragen zu können, hat man als Vertriebsmitarbeiter mit Social Media die Chance, sich selbst und sein Produkt als Marke zu definieren, indem man mit einem geschickten Mix aus Unterhaltung, Informationen, Gesprächen und Serviceangeboten eine unzählige Anzahl an Menschen gleichzeitig in kurzer Zeit erreichen kann. Diesen Mix nennt man Servicetainment.

Was das Zusammenspiel von Social Media und Vertrieb so vielversprechend macht, ist die Tatsache, dass wir hier im Gegensatz zur herkömmlichen Kaltakquise potenziellen und gezielt ausgesuchten Kunden eine Vielzahl an Informationen auf einmal vorstellen können. Informationen können entsprechend der Zielgruppe aufbereitet und verbreitet werden, eine große Gruppe an Menschen also entsprechend ihren Vorlieben angesprochen werden. Erstkontakte entstehen auf die Weise viel einfacher und sind erfolgreicher. Interessierte potenzielle Kunden finden wir im Social Web einfach durch gezielte Suchanfragen, mit Hilfe von Einstellungen für Werbeposts aber auch in Gruppen.

Aber auch das Binden von Interessenten und Kunden gestaltet sich durch optimalen Einsatz entsprechenden Contents (Textbeiträge, Bilder, Videos, Veranstaltungseinladungen, Servicebeiträgen, Gewinnspielen etc.) um ein Vielfaches einfacher als auf klassischem Wege. Hinzu kommt die Positionierung als Fachmann, das Teilen der Beiträge sowie, als wesentlicher Punkt, das Netzwerk der bereits erreichten Interessenten. Wichtig ist hierbei eine kontinuierliche Betreuung der Social-Media-Kanäle, um einen der größten Vorteile nutzen zu können: Die zeitnahe Reaktion auf Kundenanfragen, Meinungen.

1.4   Aller Anfang ist nicht schwer – der Weg vom Sales zum Social

Grundlegende Voraussetzung für erfolgreichen Vertrieb in Social Media ist das Anlegen eines eigenen Social-Profils oder gegebenenfalls einer Seite im Social Web. Hier sollte man sich zu Anfang darauf konzentrieren, wo sich die meisten potentiellen Kunden befinden könnten und sein eigenes Profil so zu gestalten, dass mich diese Kunden ebenfalls finden können.

> ▶ „Gestalte dein Profil mit spannenden Inhalten und Fachkenntnisse genau dort, wo du deine Zielgruppe ausfindig gemacht hast!"

Wichtige Anhaltspunkte darüber, wo sich Kunden und Interessenten am liebsten aufhalten, welche Kommunikationswege sie bevorzugen, was sie bedrückt, worauf sie am meisten Wert legen, welche Sorgen sie haben, findet man am besten heraus mit Hilfe eines Monitorings, der Analyse des Social Webs oder anhand von Kundenkommentaren auch in Corporate Blogs. All diese Informationen gilt es zu berücksichtigen im Umgang mit den Interessenten im Social Media.

> ▶ „Knüpfe Kontakte und hab ein offenes Ohr für Meinungen und Wünsche deiner Zielgruppe!"

Wer darauf wartet, dass Kunden von sich aus Fragen stellen, verliert sie womöglich an Mitbewerber. Im SocialWeb ist es notwendig, erkannte Probleme aufzugreifen und von sich aus auf sympathische Weise Hilfe und Lösungen anzubieten. Dafür sollte unbedingt ein Zusammenspiel von Unterhaltung (Entertainment), Information und Service berücksichtigt werden. Nichts ist langweiliger als ein gutgemeinter Fachtext.

▶   „Werde zum Servicetainer! Verpacke dein Wissen in interessante und spannende Beiträge!“

Soziale Medien leben, wir ihr Name schon sagt, vom sozialen Miteinander, penetrante Werbesprache und ständige Aufforderungen zum Kauf wirken dort eher aufdringlich und bringen wenig Erfolg. Wer im Social Media erfolgreich sein will, muss in erste Linie selbst social sein. Das heißt, wir müssen uns von der bewährten Werbesprache verabschieden und haben dafür aber ungeahnte Möglichkeiten, auf andere Weise in Kontakt mit unserer Zielgruppe zu kommen. Das, wenn auch virtuelle, aber dennoch persönliche Gespräch, der Expertenrat, das kostenlose Video mit Anleitungen, das E-Book, der schnelle Rat, das Aufgreifen von Problemen und vieles mehr, machen uns im Social Web nicht nur sympathisch, sondern auch zum gefragten Experten, dem man gern folgt und vertraut.

▶   „Nimm social wörtlich, sei du selbst und helfe mit deinem Wissen!“

Nicht aus dem Auge verlieren darf man dabei bereits gewonnene Kunden. Ihnen zusätzlichen Service zu bieten bedeutet Kundenbindung und mit Sicherheit eine hohe Empfehlungsquote. Kunden freuen sich immer über kostenlose Tipps, Ratschläge zu Zusatzangeboten, fachmännisches Know-how oder kurze Videos mit Anleitungen.

▶   „Gestalte deinen Kundenservice social!“

1.5   Einfacher gesagt als getan – der richtige Content

Der passende Content ist das Lockmittel, die Fliegenfalle für Kunden. Content so zu gestalten, dass Kunden, egal ob im B2B-Bereich oder im B2C, daran kleben bleiben, also gar nichts anderes mehr wollen, ist kein Hexenwerk und dennoch ist er das einzige Mittel Interessenten anzusprechen und als Kunden zu gewinnen. Content kann vieles sein, von der Expertise bis hin zum lustigen Video. Ihn für die Zielgruppe passend zu kreieren setzt also voraus, die Zielgruppe zu kennen und zu analysieren. Auch das geht in Social Media einfacher als im realen Leben. Niemand würde als Vertriebsmitarbeiter auf die Idee kommen, jemand per Telefon vorab zu fragen, ob er gern lacht, gern ins Theater geht, kürzlich einen Trauerfall hatte, gern Fußball mag oder gar zu fragen, wie alt er denn nun sei. In Social Media lassen sich solche Einschränkungen vorab einstellen, so, dass man zum Beispiel mit einem witzigen Post eben nur diejenigen erreicht, die auf Humor stehen.

Auf diese Weise erreichen wir Kunden gezielt, wecken ihr Interesse und sorgen bestenfalls dafür, dass potenzielle Kunden ganz allein den Weg zu uns finden.

Besonders zu beachten ist dabei aber auch die Reaktion der Fans auf veröffentlichten Content. Will man Fans halten, so sollte man unbedingt beobachten, was bei ihnen ankommt, was sie interessiert und vor allem, was sie teilen. Denn geteilte Inhalte von Kunden werden für das eigene Netzwerk oftmals besonders interessant sein. Hieraus lässt sich dann wiederum ableiten, welchen Content man künftig bevorzugt einsetzen sollte. Kurz zusammengefasst gibt es also bei der Erstellung des Contents folgendes zu beachten:

* passenden Content als Anreiz für den Kunden zur Kontaktaufnahme,
* Content dort verbreiten, wo Kunden bzw. im B2B-Bereich Entscheidungsträger sind,
* Analyse der Reaktion der Zielgruppe auf den Content (Social Engagement der Zielgruppe),
* Aufbereitung gezielten Contents für spezielle Gruppen, wie Fans, die bereits Kunden sind, Interessenten, die kurz vor einer Entscheidung stehen,
* Reaktionen analysieren und bei der Erstellung neuen Contents beachten,
* Content auf mehreren Social-Media-Plattformen teilen und verbreiten.

1.6   Content, Kontakt und nun?

Nachdem ein Social-Media-Profil erfolgreich Fans gewonnen hat, diese auch fleißig von den vielen Angeboten wie Hilfestellungen Gebrauch machen, sollte man natürlich nicht vergessen, diesen Interessenten Angebote zu erstellen. Dies bedeutet nichts weiter, als sie dezent auf Kaufmöglichkeiten hinzuweisen, auf die Unternehmenswebseite aufmerksam zu machen, ihnen vielleicht firmeneigene Portale mit Registrierung zu bieten, sie für den Newsletter zu interessieren, kurz gesagt, Leads zu generieren. Ganz schön viel Arbeit werden jetzt einige denken, aber dem ist keineswegs so. Der richtige Einsatz mit Social Media im Vertrieb bringt innerhalb kurzer Zeit unzählige relevante Kontakte, für die man real mehrere Jahre brauchen würde. Dabei dürfen wir auch nicht vergessen, dass das Social Web fast unendlich ist, dass vor allem Folgegenerationen damit groß werden und sich so automatisch aufgrund von Weiterempfehlungen ein ebenso riesiger Interessentenpool bildet, der nur eins braucht: Pflege!

1.7   Praktische Anwendungsmöglichkeiten des Social Media im Vertrieb

Vertrieb lebt wie jeder andere Unternehmensbereich von der Kommunikation – dem Austausch oder die Bereitstellung von Informationen. Für den klassischen Vertrieb kann dies bedeuten, Informationen zu Produkten, Terminen, Innovationen, Kundenservice, Messebesuche und viele weitere Themen an den „Mann" – die Zielgruppe – zu bringen. Mit

Hilfe digitaler Technik stehen uns hierfür mit den modernen sozialen Medien präzise Instrumente zur Verfügung, die nur noch genutzt werden müssen.

1.7.1 Ich vertreibe also bin ich! Erfolgreich?

Stimmt natürlich nicht immer und vor allem dann nicht, wenn der Vertrieb glaubt, er wäre am Puls der Zeit. Dieser nämlich ist dort, wo die Menschen sind und das ist zunehmend das Internet, genauer gesagt die sozialen Medien. Vom Unternehmer bis zur Hausfrau wird das Social Web genutzt, um sich zu informieren, auszutauschen, nach Problemlösungen zu suchen und ganz wichtig, um Dinge zu finden und Möglichkeiten zu entdecken, nach denen sie bisher gar nicht gesucht hatten. Das bedeutet auch für den Vertrieb, dass es dort potentielle Interessenten gibt, bei denen es nur noch gilt, die passenden Bedürfnisse zu wecken.

Social Media ist deshalb in aller Munde, und während die einen die Chancen der modernen Technologien nutzen, verlieren die anderen Kunden, weil sie Social Media immer noch für einen vorübergehenden Trend halten. Erfolgreiche Unternehmen nutzen Social Media bereits heute in allen externen und internen Unternehmensbereichen. Somit ist es zu einem wichtigen Instrument beim Erreichen von Unternehmenszielen geworden.

1.7.2 Spürst du ihn schon, den Puls der Zeit?

Grundlegend sieht es gegenwärtig noch so aus, dass zu viele Menschen glauben, Social Media beschränke sich auf die Offenlegung privater Daten auf Facebook oder den WhatsApp-Chat mit dem Nachbarn. Räumen wir doch an dieser Stelle einmal auf mit dem Mythos auf und schauen uns die unterschiedlichen technischen Möglichkeiten in den Bereichen Zusammenarbeit, Kommunikation, Wissensmanagement, Unterhaltung und im Multimediabereich einmal an. Denn dass dies nicht der Wirklichkeit entspricht, zeigt uns allein die Vielfalt der Technologien, die sich unter dem Begriff Social Media im Web etablieren konnten. Hierzu zählen beispielsweise:

- Blogs
- Mikroblogs
- Newsgruppen
- Foren
- Messenger
- Webinare
- Social Networks (Knotenpunkte für bestimmte Gruppen)
- Event-Portale
- Auskunfts- und Bewertungsportale
- Wikis

- Foto- und Videosharing
- Videoblogs
- Podcasts
- Livecasts/Livestreaming
- Apps
- virtuelle Welten

Viele dieser modernen Technologien finden wir inzwischen zusammengefasst auf Social-Media-Plattformen, wovon sich einige mittlerweile zu wahren Allroundern für Unternehmen entwickeln.

Zu den bekanntesten und wichtigsten Social-Media-Anbietern gehören:

- Facebook, Basis für verschiedene Kommunikationskanäle, wie Chat, Videochat, Telefonie, Videoanrufe, Gruppen, Darstellung des eigenen Profils, Foto- und Videosharing, bezahlte Werbung, private Kommunikation, Zielgruppenanalyse, mit umfassenden Statistiken für Unternehmensseiten.
- Twitter, Kurznachrichtendienst mit zusätzlichen Funktionen wie Bild- und Videosharing.
- XING, wird gern als Facebook für Unternehmen bezeichnet, bietet Möglichkeiten, geschäftliche Kontakte zu finden und zu pflegen, Gruppen zu bilden, Events zu vermarkten.
- Tumblr, dient der Contentgenerierung und lebt davon, dass man eigene Inhalte teilt, damit diese von anderen Nutzern aufgegriffen und weiterverbreitet werden (Reblogging).
- LinkedIn, dient wie XING der Generierung und Pflege geschäftlicher Kontakte.
- YouTube, dient dem Posten von Videos, wird von Unternehmen für Präsentationen jeglicher Art genutzt.
- Vimeo, ähnlich wie YouTube basierend auf das Einstellen von Videos, zwar kleiner als YouTube, aber von vielen Usern als hochwertiger bezeichnet.
- Pinterest, basiert ausnahmslos auf dem Posten von Bildern, die von Unternehmen mit Kauflinks versehen, direkt auf das jeweilige Produkt verweisen können.

1.7.3   Die Qual der Wahl – wie finde ich die passenden Social-Media-Portale?

Aller Anfang ist schwer, sagt man, aber im Falle der bunten Social-Media-Welt erscheint er uns zunächst einmal nur unübersichtlich und verführt dazu, sich zu übernehmen. Aber wie findet man als Vertriebler nun den oder die passenden Social-Media-Portale?

Man könnte seine Zeit verschwenden und jedes einzelne Portal für sich ausprobieren, um am Ende festzustellen, dass Social Media nicht nur Vernetzung von Menschen, sondern auch Vernetzung unterschiedlicher Aktivitäten auf verschiedenen Portalen bedeuten kann. Wie bei allen Prozessen im Leben haben wir, unsere geschäftlichen Kontakte, Kunden, Interessenten und jene, die es werden sollen, verschiedene Vorlieben und bevorzugen deshalb unterschiedliche soziale Medien. Dies bedeutet auch im Vertrieb, herauszufinden, wo wir unsere gewünschten Kommunikationspartner antreffen.

1.7.4 Geschäftskontakte finden, pflegen und nutzen

Viele aktuelle branchenspezifische Themen werden heute nur noch über das Web kommuniziert. Hier hilft Social Media beispielsweise dabei, Zeit und Geld zu sparen. Nicht nur im B2B-Vertriebsbereich ist deshalb eine große Anzahl möglichst sorgsam ausgewählter geschäftlicher Kontakte von Nutzen. Geschäftliche Kontakte, wie wir sie beispielsweise auf XING knüpfen, können nicht nur die eigene Vertriebsarbeit erfolgreich unterstützen, sondern mitunter auch unser persönliches Vorankommen.

XING hat sich im Laufe der Zeit zu einer Unternehmerplattform entwickelt. Wir treffen dort Firmen jeder Größenordnung und ihre Verantwortlichen der unterschiedlichen Unternehmensbereiche, aber auch Selbständige und Freiberufler verschiedenster Branchen – Experten, Lernwillige, Neugierige, Wegweiser und auch Konkurrenten. Sie alle sind mehr oder weniger auf der Suche nach Kontakten, weltweit oder regional begrenzt. Diese Kontakte zu finden ist mit Hilfe präziser Suchfunktionen auf dem Portal XING recht einfach. Die beste Möglichkeit sich ins Gespräch zu bringen, ist das Beitreten zu Gruppen. Diese haben entweder unternehmerische Schwerpunkte oder sind auf eine bestimmte Region ausgerichtet.

Gruppen geben uns zunächst die Möglichkeit, Informationen zu bekommen und zu filtern, aber auch eigene Informationen zu teilen. Dies können Termine zu Branchenevents oder Treffen vor Ort sein, Expertenmeinungen und -tipps, aber auch Neuerungen im Bereich Vertriebsstrategien.

Vertriebsmitarbeiter eines regional begrenzten Gebietes beispielsweise finden bei XING potentielle Unternehmen als Kunden, indem sie real stattfindende Stammtische von Gruppen auf XING besuchen. Dabei muss man natürlich beachten, dass auch jedes XING-Profil nicht nur ein Unternehmer, sondern ebenfalls ein Mensch ist, der, wenn er vielleicht nicht zu unserer primären Zielgruppe gehört, zumindest eine Empfehlung für uns als Vertriebler aussprechen kann.

▶ **Merke** Geschäftskontakte finden, pflegen und nutzen mit XING!

1.7.5 Viele potentielle Interessenten erreichen

Zu den beliebtesten Plattformen zählt Facebook. Die Nutzeranzahl auf Facebook steigt stetig und belief sich für 2015 bei über 1,5 Mrd. Menschen weltweit. Eine große Nutzergruppe, in der es sich definitiv lohnt, nach Interessenten zu suchen, die der eigenen Zielgruppe entsprechen. Ähnlich wie bei XING findet sich auf Facebook ebenfalls die

Möglichkeit Mitglied in einer relevanten Gruppe zu werden oder gegebenenfalls als Experte selbst eine zu gründen.

Praxistipp: Wer möglichst viele Menschen auf Facebook erreichen will, sollte neben bestehenden Netzwerken (Gruppen) vor allem seinen eigenen Content nutzen. Diesen gilt es, spannend für die relevante Zielgruppe aufzubereiten. Dazu gehört mitunter auch das Verlinken von Inhalten eigener anderer Kanäle, wie YouTube auf Facebook.

1.7.6 Ich, der Interessent und?

Nicht selten stellen wir uns die Frage, was mache ich denn nun mit potentiellen Interessenten aus meiner Zielgruppe, was interessiert den denn so? Meine Arbeit, mein Produkt oder gar ich selbst?

Interessenten sind in den meisten Fällen auf für sie relevante Informationen aus. Jemandem, der ein Produkt schon kennt oder gar selbst nutzt, interessieren mit hoher Wahrscheinlichkeit Neuerungen, Verbesserungen, Bezugsquellen, Details und Einsatzmöglichkeiten. All diese Informationen können von Seiten des Vertriebs so gestreut werden, dass sie den im Social Web vorhandenen Interessenten gezielt erreichen. Dafür kommen gezielte Sponsored Posts oder Posts in relevanten Gruppen zum Einsatz.

1.7.7 Viel zu theoretisch? Jetzt kommt Praxis!

1.7.7.1 Praxistipp Nummer 1 – Zeit sparen an der Haustür

Ich vertreibe Staubsauger, beispielsweise im direkten Kundenkontakt, ein ehrenwerter Job, der nicht jedem liegt, der sich aber auch im Laufe der Jahre wenig gewandelt hat. Hauptaufgabe ist es immer noch, mein Produkt direkt beim Kunden, das können Unternehmen, aber auch die netten Leute von nebenan sein, vorzustellen und möglichst Kaufinteresse zu wecken und eine langfristige Bindung herzustellen. Immerhin soll die geschätzte Kundschaft auch künftig Zubehör oder Weiterentwicklungen wieder bei mir kaufen. Unumgänglich heute, wie vor 50 Jahren, ist damit zumeist ein Hausbesuch, das Klingeln an der Haustür, der mir mit Hilfe von Social Media durchaus erleichtert wird. Denn hier habe ich die Möglichkeit potentielle Interessenten schon so neugierig auf mein Produkt zu machen, dass sie mich sogar zu sich einladen. Ich nutze also Social Media für die Terminierung von Kundenbesuchen. Künftige Kunden können sich via Content in den sozialen Medien schon ein möglichst genaues Bild von meinem Produkt machen. Sie können in direkten Kontakt mit mir treten, Fragen stellen, Hinweise geben und wissen im Voraus, was sie erwartet, wenn ich mit meinem Produkt vor ihrer Haustür stehe. Es gibt keine für viele Kunden lästige Überraschungsbesuche, Klinkenputzen und unangenehme Kaltakquise fallen so gut wie weg. Ihre Kunden müssen das Produkt faktisch nur noch ausprobieren, für gut befinden und kaufen. Auf diese Weise werde ich nicht nur mehr Abschlüsse tätigen, sondern Zeit sparen, die meiner Kunden und natürlich auch meine. Das macht alle glücklich und zufrieden und zufriedene Kunden empfehlen mich auch weiter.

1.7.7.2   Praxistipp Nummer 2 – Vor der Messe ist nach der Messe

Wer im Rahmen seiner Vertriebstätigkeit relativ häufig Messen besucht, um selbst dort auszustellen, weiß, wie aufwendig es ist, aufzufallen und die Aufmerksamkeit der Besucher auf sich zu ziehen. Messen sind teuer und Konkurrenten schlafen nicht. Ziel einer Messe ist es, möglichst vielen Kunden ein Produkt oder Dienstleistung vorzustellen und Kaufinteresse zu wecken, im besten Fall sofortige Abschlüsse zu tätigen. Für viele besteht die Realität im ewigen Warten auf Neugierige, die bestenfalls mit ein paar Give Aways in den Taschen wieder abziehen, um sich am nächsten Stand erneut mit diversen kostenlosen Kleinigkeiten zu versorgen.

Wer wünscht sich in dieser Situation nicht mehr interessierte Messebesucher am eigenen Stand? Und genau hier kann Social Media in Vorbereitung der Messe eingesetzt werden. Auf unserer Fanseite, im persönlichen Profil, in Gruppen und Foren haben wir dazu die Möglichkeit im Vorfeld interessierte Fans und Follower nicht nur auf die Messe hinzuweisen, sondern sie mit speziellen Angeboten an unseren Stand zu locken. Dies können innovative Neuerungen an bestehenden Produkten sein, spezielle Vorführungen, die Einführung neuer Produkte, kleine Geschenke oder aber einfach der Wunsch potentieller Kunden, uns persönlich kennenzulernen. Geben wir unserem Produkt also ruhig mal ein Gesicht, unseres!

1.7.7.3   Praxistipp Nummer 3 – Zeichen der Zeit erkennen

Was macht ein klassisches Vertriebsunternehmen ohne Kunden? Für viele Vertriebler ist dies wohl ein Horrorszenario. Das bis dato gut laufende Produkt wird nicht mehr gekauft, es entspricht nicht mehr dem modernen Standard, wird einfach nicht gebraucht, weil es von moderneren Technologien abgelöst wurde. Ein Praxisbeispiel, wie wir es gegenwärtig beim Vertrieb von Tonträgern und Videos beobachten können. In den Vertriebsunternehmen werden Aufgaben gestrafft, Gehälter gekürzt und Stellen eingespart. Die Spatzen pfeifen es vom Dach und die Verantwortlichen haben versäumt, die Trendwende rechtzeitig zu erkennen. „Alles hat ein Ende", das Ende eines Produkts muss aber nicht zwangsläufig das Ende der gesamten Vertriebsstruktur bedeuten. Diese nämlich hätte in den sozialen Medien die Veränderung am Markt rechtzeitig erkennen und gegensteuern können.

Um Trendwenden zu erkennen und reagieren zu können, bietet Social Media beste Grundlagen. Nirgendwo sonst kann ich effektiver mit Kunden und Interessenten kommunizieren. Ich muss einfach nur „hinhören", Kritik aufnehmen und in meine Strategien und Überlegungen einbeziehen. Im Fall des Vertriebs von Tonträgern wäre es ein Leichtes gewesen, herauszufinden, dass bisherige Käufer ganz einfach vermehrt auf Streamingdienste setzen. Man hätte die Kunden sicher nicht zum Umdenken zwingen, aber auf jeden Fall rechtzeitig mit dem Aufbau anderer Vertriebsdienste beginnen können.

Vertrieb muss einfach (und) anders sein

Was unterscheidet den Durchschnittsverkäufer vom Top-Performer? Warum machen manche Verkäufer in einem Monat mehr Umsatz als andere Verkäufer in einem Jahr? Warum verdienen Top-Verkäufer teilweise mehr als DAX-Vorstände?

Es sind oftmals sehr einfache Vorgehensweisen, die den Unterschied zwischen erfolgreichen und weniger erfolgreichen Verkäufern ausmachen. Gerade komplexe und schwierig verständliche Verkaufsgespräche verunsichern potentielle Kunden und lassen den Verkaufsabschluss in weite Ferne rücken, wenn nicht sogar scheitern.

Zur Einfachheit gesellt sich jedoch in der Regel noch ein wichtiger Umstand: Den Verkauf und alles was dazu gehört anders gestalten als es die breite Masse der Verkäufer tut. Und genau auf diese beiden Komponenten kommt es an. Der Verkauf muss einfach sein und weniger komplex. Zudem muss er sich von den althergebrachten Verkaufssystemen angenehm absetzen und so für eine positive Aufmerksamkeit bei den Kunden sorgen.

Wer das als Verkäufer beherrscht, dem sind große Umsatzerfolge sicher! Und nichts wird in Unternehmen dringender benötigt als starke Verkäufer.

Lassen Sie mich Ihnen im Folgenden meine wichtigsten Erfahrungen aus fast 20 Jahren Vertrieb schildern. Viele meiner Ratschläge sind Ihnen vielleicht schon bekannt, einiges wird auch neu sein. Allerdings sind es seit jeher stets dieselben grundlegenden Weisheiten, die den Vertriebserfolg verursachen. Nehmen Sie sich meine Tipps zu Herzen. Sie werden es im Umsatz spüren.

2.1 Vertrieb muss „einfach (&) anders" sein

Haben Sie schon einmal die BILD-Zeitung gelesen? Hand aufs Herz ... Das haben Sie sicher. Ich höre von Unternehmenslenkern und Wirtschaftsführern gleichermaßen hinter hervorgehaltener Hand, dass die besagte Boulevardzeitung zu einer der Hauptinformationsquellen gehört.

© Springer Fachmedien Wiesbaden GmbH 2017
D. Fürtbauer et al., *Chefsache Vertriebseffizienz*, DOI 10.1007/978-3-658-12446-5_2

Jeder kennt Sie, viele lesen sie. Doch was macht gerade die BILD-Zeitung so erfolgreich? Sie beherzigt einige der wichtigsten verkäuferischen Grundprinzipien.

1. Sie ist überaus *einfach* zu lesen.
2. Sie ist *anders* als die meisten herkömmlichen Zeitungen.
3. Sie arbeitet mit *Bildern* (daher ihr Name).

Lassen Sie uns einmal diese Punkte im Einzelnen betrachten:

Sie ist einfach zu lesen
Ich selber bin treuer Leser einer der größten Sonntagszeitungen, die einen hohen Anspruch an sich selber hat. Das liegt schlichtweg daran, dass ich in manchen Themenbereichen tiefgehende und erstklassig recherchierte Informationen benötige.

Doch ich ertappe mich stets dabei, wie ich sonntagmorgens beim Bäcker einen Blick in die „BILD am Sonntag" werfe. Der Grund hierfür ist unter anderem, dass ich mich gerne mit einfach zu lesenden Texten kurzweilig unterhalten lassen möchte. Wer möchte das nicht? Sofern Sie kein Physiknobelpreisträger sind (oder werden wollen), ist es sicher auch für Sie deutlich angenehmer, einfach verständliche Texte ohne Fremdwörter oder Fachbegriffe zu lesen. Das ist schlichtweg für den Geist viel entspannter.

Kurz, knapp und auf den Punkt wird in der BILD-Zeitung mit einfachsten Worten das Weltgeschehen beschrieben. Gut, nicht nur das Weltgeschehen …

Sie ist anders
Legen Sie einmal die FAZ neben die BILD-Zeitung und sagen Sie einem Kleinkind, es solle sich für eine der Zeitungen entscheiden. Es greift mit sehr hoher Wahrscheinlichkeit zur BILD-Zeitung. Für die Skeptiker: Das ergeht den meisten Erwachsenen ebenso. Die Zeitung hat ein völlig anderes Layout als die FAZ oder auch andere sehr nüchterne Zeitungen.

Doch der Mensch ist von Natur aus neugierig und für Bilder zu begeistern.

Zudem wird stark mit der Signalfarbe rot gearbeitet (Achtung, hier steht etwas Wichtiges!) und wichtige Headlines werden mit schwarz eingefasst.

Es ist alles in allem viel auffälliger, was dort veröffentlicht wird.

Sie arbeitet mit Bildern
Es gibt einen wissenschaftlichen Test, bei dem zwei Personengruppen die gleiche Aufgabe erhalten. Ich habe diesen Test selbst einige Male erleben dürfen und er ist sehr prägnant.

Gruppe A bekommt die Aufgabenstellung, ein bestimmtes Muster in einem Kreuzworträtselquadrat zu finden, lediglich mit Worten beschrieben.

Gruppe B bekommt beschrieben, welches Muster zu finden ist, in dem das Muster neben dem Quadrat aufgeführt wird.

Was glauben Sie, wer das Muster im Quadrat schneller findet? Sie ahnen es bereits … Gruppe B findet das Muster bis zu 10mal schneller als Gruppe A.

Der Mensch ist für Bilder viel empfänglicher als für einfache Worte, zumal man durch Bilder sehr viel stärker Emotionen verdeutlichen kann.

Nutzen Sie die Social-Media-Plattform Instagram? Ich selbst habe sie im letzten Jahr für mich entdeckt. Es handelt sich hier um eine digitale Plattform, auf der die Benutzer ihre Fotos veröffentlichen können. Hierzu kann man dann einen Kommentar schreiben oder auch kommentieren lassen.

Instagram ist extrem erfolgreich und die Zahl der Benutzer ist innerhalb weniger Jahre rasant gewachsen. Der Grund? Sie erraten es bereits: Bilder sagen mehr als Worte!

In Zeiten von Photoshop & Co kann man zudem jedes noch so schlecht geschossene Bild exzellent in Szene setzen.

Und Bilder können noch viel mehr. Sie wecken vor allem Emotionen. Eine Head-line und ein absoluter Hingucker in Form eines Bildes sind durchschlagskräftig und man schaut hin. Kurzum: Bilder verkaufen über Emotionen. Gefühle sind im Verkauf eminent wichtig. Anstatt dem Kunden in der Finanzberatung vorzurechnen, wieviel Rente er später benötigt und was ihm fehlt, ist es viel ratsamer, den Kunden einmal ausmalen zu lassen, was diese Rentenlücke für Konsequenzen bedeuten:

„Lieber Herr Kunde, wenn Sie nun später Monat für Monat 600 € zu wenig auf dem Konto haben, was bedeutet das für Sie? Worauf würden Sie dann zuerst verzichten? Verkaufen Sie Ihr Auto oder verzichten Sie eher auf die ganzen Reisen, die Sie dann geplant haben, weil Sie die Zeit dafür haben."

Wechseln wir die Branche. Ein Verkäufer einer Luxusautomobilmarke wie zum Beispiel Porsche könnte dem interessierten dynamischen jungen Mann, anstatt die Beschleunigungswerte nüchtern zu präsentieren, auch ausmalen: „Stellen Sie sich einmal die Blicke der hübschen Damen vor, die Sie in Ihrem Auto vorbei fahren sehen . . . !"

Emotionen sind schlichtweg wichtig. Was glauben Sie, warum die sogenannten Emoticons (Smileys) so beliebt sind. Hinter nahezu jeder Textnachricht wird heutzutage ein Emoticon gesetzt, um der Nachricht Ausdruck zu verleihen, ihr eine Emotion zu geben. Man gibt einfach eine kleine Emotion hinzu und schon hat die Nachricht eine ganz andere Nachhaltigkeit.

Meine Vertriebskarriere habe ich begonnen, da existierten iPads, wenn überhaupt, lediglich als Gedanken im Kopf von Steve Jobs. Niemand nutzte damals Laptops (ich bin mir nicht einmal sicher, ob es solche bereits gab). Sie konnten Ihrem Kunden damals höchstens vorgefertigte Verkaufsprospekte vorlegen, die ich jedoch stets weglieβ. Welcher Kunde glaubt schon, dass Prospekte der Firma einen einigermaßen neutralen Charakter besitzen? Auf die Macht der Bilder wollte ich damals dennoch nicht verzichten und entwickelte aus diesem Grund einfache, nachvollziehbare Diagramme, die ich im Kundengespräch auf ein weißes Blatt Papier aufzeichnete. Einfach und nachvollziehbar, das waren die beiden Kriterien für diese Diagramme. Ich nutze diese Diagramme heute noch in meinen Verkaufsgesprächen. Auch jetzt, wo es iPads und dergleichen gibt. Ich bin der Meinung, dass man in solchen Zeichnungen den Kunden am besten auf die Reise mitnehmen kann. Bestenfalls kann er sogar beim Erstellen der Diagramme mitwirken. Das ist dann wirklich Champions League.

Apropos Champions League . . . Sprechen Sie in der Sprache Ihrer Kunden? Wenn Sie sich sprachlich in der Kundenwelt befinden, kann Ihr Kunde Ihnen viel besser folgen. Bei meinen Kunden war es oft der Fußball, der einen gemeinsamen Nenner darstellte. Für meine damalige Branche, der Finanzberatung klang das in etwa wie folgt:

„Lieber Herr Kunde, Ihre Geldanlage sollte wie eine Fußballmannschaft aufgebaut sein. Sie brauchen einen zuverlässigen Rückhalt für Ihre Sicherheit. Das ist in Ihrem Fall der Torwart und die Abwehr, die Gegentreffer und somit Einschläge in Ihrer Geldanlage verhindern. Dann schalten wir das Mittelfeld davor. Die wirken im Notfall auch absichernd und arbeiten in der Defensive, leiten aber den Angriff ein, sind also auch offensiv aktiv und zu guter Letzt benötigt jede starke Mannschaft eine starke Offensive, die die Tore schießt, also für Sie die Siege in Form einer starken Rendite einfährt."

2.2 Viele Verkäufer beherrschen die Grundprinzipien nicht

In meiner Zeit als Führungskraft für Vertriebsmitarbeiter im Versicherungsmarkt stellte sich immer wieder heraus, dass viele dieser Vertriebskräfte eben diese Grundprinzipien im Verkauf nicht beherrschten oder, noch schlimmer, diese nicht anwendeten.

Stellen Sie sich einmal folgendes Szenario vor:

Sie hegen den Wunsch nach einem neuen Auto. Nach fleißigem Studium der aktuellen Modelle haben Sie sich für eine Marke entschieden und sind fest entschlossen, das Projekt „neues Auto" an zu gehen.

Frohen Mutes und mit einer gehörigen Portion Vorfreude auf Ihren neuen fahrbaren Untersatz gehen Sie in ein Autohaus in Ihrer Region und warten, bis Sie ein Verkäufer anspricht.

Was passiert nun in den meisten Fällen? Bestenfalls fragt Sie der Verkäufer, welchen Bedarf Sie haben (welches Modell, welche Farbe, Motorisierung, . . .).

Wenn er geschickt ist, wird er Ihre Unsicherheit bei der Farbauswahl und den Sonderwünschen, soweit sie existiert, durch dezente Fragetechniken versuchen aufzulösen und Ihnen Entscheidungshilfen zu geben.

Und dann? Ja, dann laufen viele Verkäufer noch einmal zur Höchstform auf. Sie erzählen Ihnen ungefragt, welche Abgaswerte Ihr zukünftiges Traumauto hat (Vorsicht bei einigen Herstellern . . .), welche neue Motorentechnik verbaut wurde, welche Elektroniksysteme genutzt werden, und, und, und.

Das mag extrem gut ankommen, wenn Sie ein Ingenieur aus der Autobranche sind, doch wenn dem so ist, dann sind Sie über diese Features sowieso im Bilde.

Was ich damit sagen will ist, dass im Verkauf viel zu viel geredet wird. Und zwar Dinge, die den Kunden nicht interessieren.

Wenn der Kunde seinen Bedarf geäußert hat, dann klären Sie den Bedarf und . . . Punkt!

Es ist für Verkäufer verführerisch, dem Kunden zu zeigen, dass Sie ein Fachmann sind und Ihr Kompetenzgebiet zu 100 % beherrschen. Das sollten Sie auch! Allerdings ist das aus Kundensicht überfordernd und langweilend.

Lassen Sie mich hierzu ein anderes Beispiel aufführen:

Ich persönlich liebe es gut essen zu gehen. Was mich andersrum extrem nervt, sind vollgepackte Speisekarten. Mir fällt eine Entscheidung zur Essenswahl sehr viel schwerer, wenn ich eine unübersichtliche Speisekarte mit 50 Gerichten in den Händen halte. Kennen Sie das auch?

Sehr angenehm empfinde ich es hingegen, wenn ich eine aufgeräumte Speisekarte vorfinde, auf der 5–6 Gerichte aufgeführt sind. Hier entscheide ich mich schnell und bin nicht überfordert. Und wenn dann noch das Essen und das Ambiente, sowie der Service stimmen, komme ich sehr gerne wieder und werde zum Stammkunden.

Noch ein Beispiel gefällig?

Vor einiger Zeit wurde in einem Supermarkt ein Test durchgeführt, der genau dieses Thema behandelte. Ein Marmeladenhersteller wollte herausfinden, ob eine sehr große Vielfalt im Angebot verkaufsfördernd ist. Man bot nun an einem Aktionsstand 6 Marmeladensorten zum Probieren an und konnte dort direkt die Marmelade der Wahl kaufen. Im nächsten Test wurde das Marmeladenangebot auf 24 Sorten erhöht. Zu den üblichen Sorten wie Erdbeere oder Kirsche kamen dann auch exotische Mischungen wie zum Beispiel Ingwer-Erdbeere-Rhabarber hinzu. Man stellte also nun 24 (!) Sorten nebeneinander zum Probieren und anschließendem Kauf auf. Ergebnis: Die Vervierfachung des Angebots ließ die Kaufquote um über 25 % sinken! Das klingt paradox: Mehr Angebot, weniger Umsatz. Dennoch ist es so: Die Kunden konnten sich schlichtweg nicht mehr entscheiden.

Und genau das ist der Grund, warum ich seit Jahren dafür plädiere, den Verkaufsprozess einfach zu halten. Lassen Sie alles weg, was nicht muss. Versuchen Sie nicht zu glänzen, indem Sie dem Kunden Ihr sicher fundiertes Fachwissen um die Ohren hauen und beschränken Sie sich auf das Wesentliche.

Mein geschätzter Freund und Kollege Roger Rankel geht sogar so weit und behauptet, dass der Smalltalk nichts mehr im Kundengespräch zu suchen hat. Ich finde diese Meinung sehr richtig.

Geben Sie dem Kunden genau das, was er will. Nicht weniger … Aber auf keinen Fall mehr!

Sollten auch Sie zu den Verkäufern gehören, die dem Kunden gerne mehr als nötig erzählen, dann bin ich mir sicher, dass Sie oft am Ende des Verkaufsgespräches folgende Aussagen Ihres potentiellen Kunden hören:

„Ich muss mir das nochmal überlegen."

„Ich muss da mal eine Nacht drüber schlafen."

„Ich melde mich wieder."

Wenn der potentielle Kaufinteressent solche Floskeln von sich gibt, ist das Kind schon nahezu in den Brunnen gefallen. Diesen anfangs mit einer Kaufabsicht zu Ihnen gekommenen Interessenten können Sie mit hoher Wahrscheinlichkeit abschreiben.

Ein erfolgreiches Verkaufsgespräch, und mit „erfolgreich" meine ich den Kaufabschluss, besteht immer aus einem einfachen Gesprächsverlauf und einer einfachen Systematik ohne schmückendes Beiwerk.

Mir wurde zu Beginn meiner Verkäuferkarriere oft gesagt: „Herr Heemskerk, denken Sie an die ‚drei Es': Einfach, einfach, einfach!". Das beherzige ich bis heute und ich empfehle jedem Verkäufer dies ebenso zu tun.

2.2.1 Mögen Sie Sandwiches?

Eine Vertriebstechnik, die sich über die Jahre in nahezu allen Branchen bewährt hat, ist die sogenannte „Sandwichtechnik". Das hat weniger mit Essen zu tun, als vielmehr mit einer Entscheidungshilfe für unentschlossene Kaufinteressenten.

Ein Sandwich zeichnet sich in der Regel dadurch aus, dass das Beste in der Mitte zu finden ist (umgeben von 2 Brotscheiben). Ziel ist es folglich bei der Sandwichtechnik, dass man dem Kunden das für ihn passende Produkt mittig serviert.

Ein Beispiel aus meiner Praxis:

Ein Kunde möchte in eine Immobilie investieren und kann sich nicht für ein Objekt entscheiden. Ich als Berater und Außenstehender weiß, was für ihn das passende Produkt ist und kann ihm wie folgt eine Entscheidungsunterstützung geben.

Ich präsentiere ihm 3 Objekte:

1. Ein sehr günstiges (billiges) Objekt, welches seinen Ansprüchen kaum Genüge trägt.
2. Ein sehr teures, übermäßig luxuriöses Objekt, welches über das Ziel hinaus schießt.
3. Ein für sein Budget und seinen Geschmack passendes Objekt.

Menschen lieben es, solche Entscheidungshilfen präsentiert zu bekommen. Es gibt ihnen das Gefühl nicht die erstbeste und keine überteuerte Lösung in Anspruch genommen zu haben. Kurzum: Man hat gefühlsmäßig die richtige Wahl getroffen und ist zufrieden mit sich und seiner Entscheidung.

Ein weiteres Beispiel?

Vor einigen Jahren habe ich einmal einen Weinhändler kennengelernt. Da ich selber ein Weinliebhaber bin, sind wir tiefer ins Gespräch gekommen. Er schilderte mir ein Problem, für das die Sandwichtechnik die perfekte Lösung darstellte.

Er hatte einen hochpreisigen Wein im Angebot, der sein weiteres Kontingent preislich deutlich übertraf und somit der teuerste Wein im Sortiment war.

Er klagte, dass dieser Wein trotz seines hohen Preises qualitativ so überragend sei, dass der Preis in diesem Verhältnis eher günstig ist. Dieser Wein ließ sich jedoch nicht verkaufen. Den Kunden war er einfach zu teuer.

Ich riet ihm einmal einen Versuch zu machen. Er solle den Wein so positionieren, dass er im Laden zum einen sehr gut ins Auge fällt und zum anderen von zwei weiteren Weinen links und rechts flankiert wird.

Links sollte ein günstigerer Wein und rechts ein noch teurerer Wein angeboten werden.

Nach einigen Wochen war ich dann doch neugierig und nahm den Telefonhörer in die Hand. Am anderen Ende meldete sich ein begeisterter Weinhändler, der mir berichtete, dass sein vorher nahezu unverkäuflicher Wein der Absatzrenner in seinem Laden sei.

Nun, das überraschte mich persönlich nicht, denn so ticken wir Menschen (und Konsumenten) nun mal. Legt man ein sehr teures Produkt neben ein teures, dann relativiert sich für uns Konsumenten der Preis des teuren Weins und wir greifen eher zu.

Dieses Prinzip funktioniert für jede Branche.

Vor einigen Jahren war ich in einer großen Elektrokette und wollte einen neuen Rasierapparat kaufen. Mein erster Eindruck, als ich vor den unzähligen Modellen dort stand: „Puh ... Welcher ist der Richtige!". Für meinen Geschmack waren viel zu viele Modelle aufgeführt. Folge: Entscheidungsverstopfung.

Ein Verkäufer sah meine Ratlosigkeit und kam auf mich zu. Nach ein paar Fragen, was der Rasierer denn alles können sollte und worauf ich besonders Wert lege, wandte er bei mir was an? Genau ... Die „Sandwichtechnik".

„Herr Heemskerk, schauen Sie, hier habe ich ein absolutes Einsteigermodell. Das kostet 80 €. Rasiert auch, aber ein offenes Wort? Ich würde Sie damit beleidigen. Und hier, das ist die absolute Luxusklasse. 4-fach rotierende Scherköpfe, selbstreinigend, und, und, und. Kostenpunkt 170 €. Ganz ehrlich. Das Gerät ist toll, aber das brauchen Sie nicht wirklich. Und dann haben wir auch das Gerät hier. 120 €. Solide Verarbeitung, beste Testergebnisse, alles, was es für einen guten Rasierer braucht. Und genau das empfehle ich Ihnen auch. Nehmen Sie es. Sie werden mehr als zufrieden sein."

Dreimal dürfen Sie raten, welches Modell ich gekauft habe. Na klar ... Das Letzte, preislich in der Mitte befindlich. Und genau wie ich hätten sich sicher 90 % aller Kaufinteressenten entschieden. Menschen lieben es, auf diese Weise etwas verkauft zu bekommen. Kein Druck, Alternativangebote und am Schluss eine klare Verkaufsempfehlung mit Handlungsaufforderung.

2.2.2   Komm, komm!

In etwas abgewandelter Form findet man es vor allem bei Discountern und Supermärkten.

In meinem Wohnort gibt es mittwochs und sonntags eine kostenfreie Wochenzeitung, die an jeden Haushalt verteilt wird. Inhalt: Einige Seiten lokale Themen à la „Bürgermeister überreicht 95-jähriger zum Ehrentag einen Blumenstrauß" und ... gaaaanz viel Werbung und Werbeprospekte.

Schaut man sich her die Werbung von ALDI, LIDL & Co. an, dann stellt man auf der ersten Seite schnell fest, dass stets Sonderangebote aufgeführt sind. Schokolade für 89 Cent statt für 1,09 Euro pro Tafel.

Was wollen die Discounter hiermit bezwecken? Ganz einfach ... Dass Sie sich in Bewegung setzen, um den Weg in den Laden zu finden, damit Sie auch ja artig das „Superschnäppchen" machen.

Und vor allem: Dass Sie dann außer dem Schnäppchen einen tollen Wocheneinkauf machen, denn schließlich sind wir ja schon mal da und können noch dies und das mitnehmen.

So funktioniert clevere Werbung. Locken und dann hinten raus Upselling betreiben.

Es soll Menschen geben, die für 20 Cent Ersparnis bei einer Tafel Schokolade 20 Kilometer weit in eben diesen Supermarkt fahren, der dieses Superschnäppchen anbietet . . .

Und wenn Sie hier einmal genau in die Regale schauen, dann stellen Sie oftmals fest, dass die günstigsten Produkte ganz unten im Regal stehen. Die teuren und margenträchtigen Produkte finden Sie wo? Natürlich . . . Auf Augenhöhe. Dort, wo Ihr Blick zuerst hinfällt. Das ist Sandwichtechnik. Einige Angebote und diese dann so platzieren, dass die Entscheidung leicht fällt bzw. forciert wird.

Doch es gibt noch weitere sehr interessante Vertriebsansätze, die die Psychologie des Menschen geschickt ausnutzen.

Ab und an halte ich Vorträge vor Verkäufern. Das ist mittlerweile zu einer Art Hobby von mir geworden. Es macht mir Spaß und wird zudem gebührend entlohnt.

In diesem Zusammenhang besuchte ich vor vielen Jahren ein Seminar bei einem der bestbezahltesten Trainer der Branche. Ich wollte erfahren, welche Insiderinformationen er parat hatte, die dieses hohe Honorar rechtfertigen, welches sich doch erheblich von dem Honorar anderer Trainer unterschied.

Das Seminar war gut, jedoch nicht bahnbrechend informativ. Keinerlei neue Erkenntnisse (die gibt es sowieso nicht). Amüsant vorgetragen, eloquent präsentiert, jedoch mit vielen mir bereits bestens bekannten Inhalten.

Nach dem Seminar hatte ich dann die Freude, mit dem Trainer beim Essen zusammen zu sitzen. Mich ließ die Frage nicht los, wie der top positionierte und hochbezahlte Trainer eben diese Honorare durchsetzen bzw. erzielen konnte.

Ich war damals noch blutjung und traute mich daher zunächst nicht diesen gestandenen Trainerprofi nach seinem Preisgeheimnis zu fragen. Doch während des gemeinsamen Essens baute sich eine freundschaftliche und lockere Atmosphäre zwischen uns auf, die mir meine Angst weitestgehend nahm.

Ich fragte ihn schließlich, wie er es schaffte, so gefragt und ausgebucht zu sein und das obwohl sein Honorar deutlich über dem mir bekannten in der Trainerszene liegt.

Seine Antwort war kurz und auf den Punkt: „Eben wegen dieser Honorare werde ich so oft gebucht, Herr Heemskerk."

Ich musste kurz über die Antwort nachdenken, doch was er mir sagen wollte, war letztlich klar.

Wir Menschen denken automatisch, dass ein hoher Preis auch eine exzellente Leistung nach sich zieht. Wenn Sie es dann noch schaffen, diese Qualität zu liefern, dann sind Sie weit vorne. Und es ist wirklich unerheblich, ob es weitere günstigere Mitbewerber gibt, die ein ähnlich hohes Leistungsniveau erbringen. Hoher Preis = hohe Qualität!

Verstehen Sie mich nicht falsch: Ich spreche hier nicht davon, dass Sie versuchen sollen, minderwertige Qualität durch hohe Preise zu verkaufen. Das funktioniert nicht. Ich spreche davon, dass Sie sich mit einem erstklassigen Produkt durch einen bewusst hoch angesetzten Preis von Ihrer Konkurrenz absetzen können.

2.2.3   Sind Sie sinnlich?

Jeder ist sinnlich und Ihre Kunden sind es auf jeden Fall. Der eine etwas mehr, der andere etwas weniger …

Sie haben bereits gelesen, dass Bilder besser verkaufen als Worte. Doch wissen Sie auch, was noch besser verkauft als Bilder? Ihre haptischen Sinne: Fühlen!

Was gibt es Schöneres als das Auto seiner Begierde nicht nur zu betrachten, sondern Probe zu sitzen oder gar Probe zu fahren und den Geruch des neuen Autos zu riechen?

Und das neue Sofa für Ihr Wohnzimmer … Lieber angucken oder direkt Platz nehmen und über den Stoff fühlen?

Und können Sie sich vorstellen, eine Immobilie vom Exposé weg zu kaufen? Oder würden Sie lieber reingehen und sich bereits beim Durchschreiten der Räumlichkeiten lebhaft ausmalen, wie es ist, in der Immobilie zu wohnen?

Genau da setzen viele erfolgreiche Verkäufer an. Sie laden zu Proben ein (Auto Testfahrt, Weinverkostung, Showrooms).

Wie können Sie haptische Erlebnisse in Ihr Verkaufsgespräch einbinden?

Ein gutes Beispiel hierzu kenne ich aus der Aktienfondsberatung. Wie soll man so ein Produkt nur haptisch darstellen, werden Sie sich fragen. Es geht, und das für fast jedes Produkt.

Es gibt dort einen Anbieter, der ein sehr cleveres haptisches Tool entwickelt hat. Wie soll man Aktienfonds mit Haptik verkaufen? Man kann sie nicht anfassen … !

Das funktioniert wie folgt: Der Anbieter setzt Verluststopps ins Kundendepot, sogenannte Stopplimits. Die Gefahr bei Aktien ist die, dass es bei einem Crash bergab geht und die vorher freudig verdienten Gewinne futsch sind. Genau da setzt das haptische Verkaufstool des Anbieters an. Er gibt dem Kunden ein kleines Holzspielzeug an die Hand. Dieses Holzspielzeug hat aufsteigend einige Löcher, in die man ein Metallstäbchen stecken kann. Ganz oben ist ein Balken, den man mit Geldmünzen bestücken kann. Er rauscht hinab, wenn man das Metallstäbchen aus dem Holzspielzeug herauszieht. Und genauso werden hier die Stopplimits erläutert. Das Herausziehen des Stäbchens symbolisiert was geschieht, wenn man diese Stopplimits nicht zur Verfügung hat. Das Geld kracht herab und die Münzen fallen mit lauten Tamtam auf die Erde. Ein sehr einprägsamer und haptischer Moment, wenn der Kunde dies selbst durchführt.

Sie finden die Art des Verkaufens über Ihre Sinne heute sehr häufig. Es gibt sogar Verkaufsräume, die werden mit einem bestimmten Duft versehen und in besonderes Licht getaucht, nur um Ihnen die Produkte noch schmackhafter zu machen.

Wie können Sie Ihre Kunden durch „sinnliche" Maßnahmen verführen?

2.2.4 Preise downsizen

Es gibt nicht viel, was Verkäufern mehr Sorgen bereitet als die Verhandlung über den Preis Ihrer Produkte. Immer wieder wird mir von langjährigen Verkäufern berichtet, dass die Preisfrage immer noch die Frage ist, die sie am meisten fürchten. Die Folge hieraus sind schnelle Rabattangebote und kostenfreie Zusatzleistungen. Warum?

Einmal abgesehen davon, dass der Grund hier vielmals die eigene subjektive Betrachtung der Preisfairness in Bezug auf das angebotene Produkt ist, kann man einige einfache Techniken anwenden, die den Wunschpreis durchsetzen.

Doch eines ist gewiss . . . Wenn Ihr Preis nicht gerechtfertigt erscheint, weil das Produkt qualitativ mangelhaft ist oder der Kunde schlichtweg keinen Bedarf an diesem Produkt hat, dann helfen alle Techniken der Welt wenig. Sollte das nicht der Fall sein, dann ist folgende Vorgehensweise empfehlenswert.

Von einem renommierten Vertriebstrainer habe ich erfahren, dass er seine Preisgestaltung bewusst zu hoch ansetzt. „Downsizen" heißt hier die Devise.

In der Praxis sieht das folgendermaßen aus. Der Vertriebstrainer bekommt einen Anruf eines interessierten Auftraggebers. Am Ende des Gesprächs kommt die Preisfrage für den Auftrag.

Nun setzt der Trainer bewusst einen viel zu hohen Preis an, sagen wir 7000 € und schweigt hiernach. Die Reaktion des Gegenübers ist meistens die Gleiche: „Oh . . . Damit habe ich nicht gerechnet. Das ist zu teuer!"

Daraufhin der Trainer: „Spaß beiseite. Mein Preis ist 4500 €, aber das ist mein Training auch wirklich wert!".

In den meisten Fällen tritt beim Interessenten eine Erleichterung ein und der Preis relativiert sich gefühlt, weil man vorher eine deutlich höhere Zahl im Kopf hatte.

Leider gerät auch eine ähnliche Technik immer mehr in Vergessenheit, obwohl sie aus meiner Erfahrung mehr als wirksam ist. Die Rede ist hier von der Preisverkleinerung. Damit ist kein Rabatt gemeint, sondern ein Runterbrechen des Preises auf eine greifbare und weniger beängstigende Größe.

Ein ehemaliger Kollege von mir nutzte diese Technik in nahezu jedem Verkaufsgespräch und war damit sehr erfolgreich. Er verkaufte Immobilieninvestments und rechnete den Kunden vor, dass sie eine bezahlte Investmentimmobilie für knapp 100 € pro Monat ihr eigen nennen konnten. Das brach er dann noch geschickt herunter:

„Lieber Herr Kunde, sehen Sie, Sie erhalten eine erstklassige Immobilie, die Ihnen Ihren Ruhestand versüßt. Sie wird perfekt verwaltet, die Miete wird abgesichert und das alles kostet Sie gerade mal 3 € pro Tag oder umgerechnet einen Milchkaffee. Können Sie sich das leisten?"

Mit einem verschmitzten Lächeln im Nachgang, war so der Preis der Immobilie auf einen Milchkaffee am Tag reduziert und somit lächerlich gering. Die Folge war nicht nur eine hohe Verkaufsquote, sondern zudem eine Verdopplung des Umsatzes. Der Kunde fragte im Nachgang nicht selten, ob er unter diesen Umständen nicht direkt zwei Immobilien erwerben sollte.

Das ist psychologisch sehr sinnvoll. Wir alle lassen uns leicht „manipulieren". Das ist nicht einmal negativ gemeint. Jeder manipuliert heutzutage. Frauen, die sich schminken, manipulieren. Das Kind, das besonders lieb ist, weil es ein Bonbon haben möchte, manipuliert. Nahezu alle Geschäfte manipulieren. Gerade heute bin ich an einer Parfümerie vorbei gegangen, die eine höchst ansprechende Weihnachtsdekoration im Schaufenster hat. Das ist reine Manipulation, denn ich werde hierdurch verführt in den Laden zu gehen. Diese ganze Dekoration hat nichts mit dem eigentlichen Produkt zu tun.

Eine weitere Technik den gewünschten Preis durchzusetzen, ist es, den Knochen weg zu ziehen. Wie bei einem Hund, dem man den Knochen hinhält, aber dann wegzieht, wenn er ihn letztlich haben will.

Mein Vater erzählte mir häufig, dass er in den 1960er-Jahren einen der ersten Mercedes' gekauft hatte, die damals in meinem Heimatort gekauft wurden. Wartezeit damals bis zu zwei Jahre. Das ist eine wunderbare Technik, um hohe Preise zu erzielen. Man begehrt ein Produkt und bekommt es nicht so einfach. Wer damals die Chance hatte, einen Mercedes schneller zu erhalten, der war bereit Aufschläge auf den normalen Preis zu entrichten. Mein Vater zum Beispiel hat seine Autos nach einem Jahr zum Neupreis wieder verkaufen können. Grandios!

Das ist Verkauf par excellence! Alles, was einfach und schnell verfügbar ist, wird nie einen hohen Preis erzielen können. Alles, was im Angebot deutlich unter der Nachfrage bleibt, wird immer teuer sein.

Wie können Sie das für Ihren Verkauf nutzen? Ganz einfach. Vergeben Sie Termine zum Beispiel nie für den nächsten Tag, sondern für die übernächste Woche. Sie sind beschäftigt und gefragt und ... ausgebucht! Ihr Kunde bekommt das Gefühl, dass Ihre Dienstleistung ein rares Gut ist. So verkaufen Sie deutlich effektiver.

2.2.5   Die Extrameile

Wissen Sie, was beim Krafttraining die effektivsten Wiederholungen sind? Nicht die ersten ... Es sind die, die Sie durchführen, wenn Sie meinen, es geht nicht mehr. Das sind die effektivsten Wiederholungen einer Übung. Doch was bedeutet das für Ihr Geschäft?

08/15 oder doch lieber etwas mehr? Wenn ich mir in den meisten Branchen die Marktteilnehmer anschaue, dann fällt mir eines auf: Sie unterscheiden sich kaum. Weder im Außenauftritt, noch in der Beziehung zu Ihren Kunden. Eine Karte zu Weihnachten, ein tolles Ladenlokal mit verführerischen Angebotsschildern. Ja und? Das macht jeder? Wo gehen Sie die Extrameile? Wo machen Sie die Wiederholungen, die richtig über Ihr normales Leistungsniveau hinausgehen?

Die Extrameile hat hierbei nicht einmal etwas mit einer großen Kraftanstrengung oder einem exorbitanten Zeitaufwand zu tun. Die Extrameile drückt vielmehr aus, was Sie anders machen als Ihre Mitbewerber, um beim potentiellen Kundenkreis aufzufallen und bestehende Kunden nachhaltig an sich zu binden.

Als ich noch selbst aktiv in der Kundenberatung tätig war, habe ich zum Beispiel mit einigen wenigen Kleinigkeiten für nachhaltige Kundenbindungen gesorgt.

Meine damaligen Terminbestätigungen wurden nicht nur telefonisch bestätigt, sondern auch per Brief. Nicht aufregend? Dann schauen Sie sich einmal um, wer sich diese Mühe in Zeiten von E-Mails noch macht. Kaum jemand. Meine Terminbestätigungen hingegen hatten allesamt einen haptischen Effekt (Sie erinnern sich!). Doch nicht nur das. Sie erweckten Neugierde.

Alle Briefe wurden auf hochwertigem dickem Briefpapier geschrieben, meistens mit Handschrift. Es waren auch keine weißen Briefe, sondern immer in einem edlen Farbton, damit diese sich direkt von allen anderen Briefen, die der Kunde in seinem Briefkasten findet, absetzten. Zur Krönung habe ich ein Minitäfelchen edelster Schokolade beigefügt und hierzu folgenden Text verfasst:

Betreff: Um Ihnen die Wartezeit auf unser Gespräch ein wenig zu versüßen …

Lieber Herr Mustermann,

… finden Sie beiliegend eine kleine Aufmerksamkeit von mir.

Bis dahin freue ich mich auf unser Gespräch am …. um … in meinem Büro.

Seien Sie gespannt, denn Sie erhalten überaus wichtige Informationen an diesem Tag, die Ihnen Ihr Portemonnaie langfristig füllen werden.

Wenn Sie vorab bereits Fragen oder Wünsche haben, dann melden Sie sich jederzeit gerne!

Bis dahin eine gute Zeit für Sie!

Marc Heemskerk

Die Terminausfallquote war gleich Null. Hier ist alles enthalten, was Sie im Vertrieb benötigen: Haptik, Aufmerksamkeit, Andersartigkeit und Neugierde!

Ich habe auch die Kundengespräche überwiegend im Büro geführt. Auch das hatte einen psychologischen Grund, abgesehen davon, dass es mir Zeit und Kosten gespart hat. Ein Kunde, der bereit ist, zu Ihnen zu kommen, der hat nachhaltiges Interesse daran, Ihre Dienstleistung kennen zu lernen. Zudem können Sie sich in Ihrem Büro inszenieren. Hier ist der perfekte Ort für die Extrameile!

Es gab einmal einen sehr erfolgreichen Verkäufer im Bereich denkmalgeschützter Immobilien als Kapitalanlage. Dieser Verkäufer hatte für meinen Geschmack die perfekte Inszenierung geschaffen und hatte hierdurch eine nahezu 100 %ige Abschlussquote.

Seine Extrameile sah wie folgt aus:

Er verkaufte Denkmalimmobilien an Besserverdiener in Dresden. Nach der Wende kaufte er sich für einen überschaubaren Betrag ein marodes Schlösschen am Elbhang nahe der Stadt und sanierte es.

Seine Kunden, die aus ganz Deutschland ausschließlich über Empfehlungen zum ihm kamen, wurden von einer Limousine mit Chauffeur am Flughafen in Dresden abgeholt und zum Schlösschen gefahren.

Hier betraten Sie ein imposantes Foyer, in dem sie von einer attraktiven Empfangsdame willkommen geheißen wurden.

Der Herr Berater hatte natürlich noch keine Zeit für den Kunden, da er noch sehr wichtige Telefonate führen musste. Also wurde man gefragt, wie man denn die Wartezeit genießen will. Es gab zum einen eine Musikkarte, aus der man während der Wartezeit die Musik im Foyer aussuchen konnte, zum anderen gab es eine Cocktailkarte, aus der man seinen Wunschcocktail wählen durfte.

Nach 45 min war es dann soweit. Der Herr Berater hatte nun Zeit. Man wurde in sein Beratungszimmer geführt. Dort saß der Herr Berater in der Mitte eines imposanten Schreibtisches. Rechts von ihm der Steuerberater, links ein Rechtsanwalt. Und dann fragte der Herr Berater, während er seine Brille auszog und sich zurück lehnte: „Was darf ich denn heute für Sie tun?".

Das, meine lieben Leser, ist Verkaufen in seiner Vollendung. Sicher ist das nicht für alle Menschen der richtige Weg, jedoch war dieser Verkäufer einer der erfolgreichsten, die ich je kennenlernen durfte.

Er hob sich um ein Vielfaches von seinen Mitbewerbern ab und, Sie erinnern sich an den vorhergehenden Abschn. 2.2.4, er zog den Knochen dem Kunden wieder weg.

Während ich diese Zeilen schreibe, ist es Adventzeit. Ich selber habe heute darüber nachgedacht, wie ich meinen guten Kunden ein schönes Weihnachtsfest wünsche. Und Sie haben weiter oben bereits gelesen, dass ich ein großer Fan davon bin, die Dinge anders zu machen, als es alle meine Mitbewerber tun. In diesem Jahr bekommen meine Kunden Schokolade geschickt. Allerdings nicht irgendeine beliebige Schokolade, sondern sehr edle Plantagenschokolade (ja, sie heißt wirklich so), die man nicht in jedem Geschäft erhält und die aus den besten Kakaosorten der Welt hergestellt wird. Der Brief, den ich hierzu handschriftlich verfasse, weist selbstverständlich darauf hin. Und auch das nächste Gespräch wird vorbereitet.

Mein Anschreiben lautet in etwa so:

„Lieber Herr Kunde,

ein Jahr ist vorbei und die besinnliche Weihnachtszeit im Kreise Ihrer Lieben steht vor der Türe.

Ich habe unsere Zusammenarbeit auch in diesem Jahr sehr geschätzt. Sie sind mir sehr wichtig und mein Versprechen an dieser Stelle ist das, das ich auch im kommenden Jahr jederzeit für Ihre Fragen und Wünsche gerne zur Verfügung stehe.

Und um Ihnen das Warten auf unser nächstes Gespräch zu versüßen, habe ich Ihnen ein wenig der besten Schokolade der Welt beigelegt. Diese Plantagenschokolade ist etwas sehr besonderes, denn sie wurde aus den besten Kakaosorten der Welt gefertigt. Genießen Sie es genauso, wie ich genieße, dass ich Sie zu meinen Kunden zählen darf.

Fröhliche Weihnachten!"

Gehen Sie davon aus, dass das nächste Gespräch oftmals gar nicht lange auf sich warten lässt. Der Kunde bedankt sich in der Regel für diese besondere Aufmerksamkeit persönlich bei Ihnen. Und sehr häufig habe ich bei diesen Telefonaten bereits gehört: „Ach Herr Heemskerk, wir müssen uns auch zu Beginn des neuen Jahres direkt einmal sehen. Ich habe folgendes Anliegen …"

Sehr stark absetzen können Sie sich übrigens, wenn Sie nicht zu den üblichen Anlässen wie Weinachten oder Geburtstag anrufen oder schreiben. Gerade dann schreiben Ihren Kunden viele Dienstleister. Es wird somit auch schwierig, sich positiv bemerkbar zu machen.

Wie wäre es, wenn Sie Ihrem Kunden zum neuen Jahr gratulieren, also einen Neujahrsgruß schreiben? Oder wenn Sie ihm zu Ihrem gemeinsamen Jahrestag gratulieren, an dem Sie die Kundenbeziehung eingegangen sind? Das kommt gut an, denn das kennt Ihr Kunde nicht. Sie sind dann angenehm anders als alle anderen.

Ein Bekannter von mir macht die sogenannten „Lebkuchengespräche" bei seinen Kunden. Im Dezember besucht er seine Kunden nicht mehr wegen Verkaufsaktivitäten, sondern einfach, um Ihnen Lebkuchen zu bringen und das Jahr Revue passieren zu lassen. Die Folge: Sein Terminkalender ist für den Januar hierdurch schon prall gefüllt, da viele der Kunden ein neues Anliegen vorbringen, das besprochen werden will.

2.2.6 It's a real good feeling

Ich bin in einer Zeit ausgebildet worden, wo es galt den Abschluss auf direktem Weg und so schnell wie möglich durch geschickte Fragetechniken zu erreichen.

Das ist heute nicht mehr vordergründig. Der Kunde möchte nicht überrumpelt werden und ist zudem viel informierter als noch vor 15 Jahren.

Viel wichtiger ist es, dass der Kunde ein gutes Gefühl hat, wenn er bei Ihnen Kunde wird. Im letzten Beispiel des Herrn aus Dresden, haben die Kunden ein super Gefühl. Sie haben das Gefühl zu einem erlauchten Kreis zu gehören und in den besten Händen zu sein.

Daher kann ich Ihnen nur wärmstens ans Herz legen, sich von plumpen Überrumpelungstaktikten zu verabschieden. Es mag sein, dass Sie hierdurch immer noch den ein oder anderen Verkaufserfolg erzielen, jedoch wird dieser nicht von Dauer sein und die Chance einen sogenannten Wiederholungstäter als Kunden zu gewinnen (also jemanden, der ein zweites und drittes Mal bei Ihnen kauft) ist verschwindend gering. So bauen Sie heute kein nachhaltiges und langfristiges Verkaufsbusiness mehr auf.

Allerdings spielt hier nicht nur Ihr Verkaufsgespräch eine entscheidende Rolle, sondern auch das Drumherum, wie Sie eben gelesen haben.

In meinem Büro gab nicht nur Kaffee oder Wasser für meine Kunden, sondern eine Getränkekarte, auf der unter anderem Red Bull, Champagner und frisch gepresster Orangensaft aufgeführt waren. Das ist nicht nur eine Extrameile, sondern auch ein Wohlfühlfaktor für den Kunden.

Auch die Einrichtung Ihres Büros verkauft mit. Haben Sie die gleiche langweilige Standardeinrichtung oder ähnelt Ihr Büro eher einem gemütlichen aufgeräumten Zuhause? Ist es edel, modern designt, einfach anders?

Sind Sie in einem einfachen Bürokomplex ansässig (oder gar im Souterrain Ihres Wohnhauses) oder empfangen Sie Ihre Kunden im Elbschlösschen? Ich weiß, ich weiß, … das ist auch alles eine Kostenfrage. Ich plädiere hier nicht dafür, dass Sie nun zum nächsten Immobilienmakler rennen und sich hoffnungslos für einen schlossartigen Bürositz entscheiden. Dennoch möchte ich Sie sensibilisieren, wie wichtig es ist, sich von Ihren Mitbewerben im Verkauf zu unterscheiden. Das kann man mit kostengünstigen Ideen leicht umsetzen.

Wenn Sie edle Uhren verkaufen, dann passt ein einfaches Ladenlokal in einer heruntergekommenen Gegend einfach nicht. Sie müssen in die beste Lage mit dem schönsten Geschäft.

2.2.7 Facts tell, stories sell

… dem kann ich nur zustimmen! Geschichten verkaufen. Was sind Ihre Geschichten, die Ihren Kunden verdeutlichen, dass Ihr Produkt gut und passend ist?

Eine meiner Geschichten ist diese: Mein Vater erzählt nach der zweiten Flasche Rotwein am Heiligabend immer wieder die gleichen Geschichten aus seinem Leben. Und wenn ich höre „Damals, als wir unser Haus gebaut haben", dann weiß ich bereits was kommt. Diese Geschichte ist jedoch sehr lehrreich, denn sie zeigt meinen Kunden, wie wichtig das Thema Inflation ist, wenn man Immobilienbesitz gedenkt zu erwerben.

„Damals, als wir unser Haus gebaut haben, da habe ich das Grundstück 1974 gekauft. Ich habe damals eine D-Mark mehr pro Quadratmeter Bauland gezahlt, weil es ein Eckgrundstück ist (Anm. des Autors: Eckgrundstücke sind teurer, weil man hier nur einen Nachbarn hat). Und weißt Du, was ich damals bezahlen musste? (Anm. des Autors: Natürlich weiß ich das. Ich höre die Geschichte ja jedes Jahr einmal …) Fünfzehn D-Mark pro Quadratmeter! Heute gibt es zwei Neubaugebiete in unserem Dorf. Die Grundstücke kosten nun, ca. vierzig Jahre später zwischen 110 und 120 € pro Quadratmeter Bauland (also ca. 215 D-Mark umgerechnet). Da sieht man mal, was Inflation ist. Ich hätte fünf Grundstücke kaufen sollen! Das Geld war da."

Diese wahre Geschichte erzähle ich meinen Anlegerkunden stets, wenn es sich darum geht, warum es sinnvoll ist, in Immobilien zu investieren.

Die Geschichte mit dem Mercedes meines Vaters kennen Sie ja bereits. Aber sie geht noch weiter …

„Ich hatte den ersten Mercedes in unserem Ort und musste ein Jahr auf mein Auto warten. Das Schöne war, dass ich dann bei der Lieferung direkt einen neuen bestellt habe und meinen aktuellen Wagen nach einem Jahr für den Neupreis verkaufen konnte. Und weißt Du, was ich damals für meinen ersten neuen Mercedes bezahlen musste (Anm. des Autors: Ja … Das weiß ich. Habe ich ja auch schon zigmal gehört …)? 8000 D-Mark. Heute kostet eine durchschnittliche C-Klasse neu um die 40.000 Euro!"

Lieber Leser … Das ist Storytelling. Kunden lieben das, denn sie können Geschichten viel besser nachvollziehen als nackte Zahlen oder Fachbegriffe. Sammeln Sie fleißig Stories und ja, erfinden Sie sogar welche, wenn diese im Kern stimmen. Sie finden gute Geschichten überall. Aus Erzählungen, in der Presse, aus eigenen Erfahrungen.

2.3 Bleiben Sie im Flow

Kennen Sie einen der größten Kardinalsfehler von Verkäufern? Ich selbst bin diesem verführerischen Fehlverhalten zu Beginn meiner Karriere öfters erlegen. Er ist wirklich unschön und sorgt dafür, dass vielversprechende Karrieren im Vertrieb frühzeitig wieder beendet sind.

Zu Beginn meiner Karriere im Vertrieb habe ich einen glanzvollen Start hingelegt. Ich war damals der einzige Auszubildende des Konzerns, der eine vertrieblich ausgerichtete Ausbildung absolvierte. Ich war sozusagen ein Exot.

Als ich dann die ersten Verkaufsgespräche beim Kunden durchführen musste (in Begleitung eines erfahrenen Vertriebsmitarbeiters) war ich extrem aufgeregt. Dennoch … Erfolge stellten sich schnell ein und ich verdiente durch diesen Erfolg das Zehnfache meiner Ausbildungskollegen und teilweise mehr als die angestellten Juristen meiner Ausbildungsstelle.

Und nun passiert zwangsläufig sehr schnell der Kardinalsfehler … Sie fangen an sich auszuruhen. Die Terminzahl wird weniger, Abschlüsse werden weniger und nach einiger Zeit stellt sich Frust ein.

Ich vergleiche das immer mit einem großen runden Stein. Diesen zum Rollen zu bringen ist zunächst mühsam und mit sehr viel Kraftaufwand und Energie verbunden. Rollt er jedoch einmal, so ist es sehr einfach ihn rollend zu halten. Es braucht dann lediglich einen immer wiederkehrenden kleinen Anstoßimpuls.

Und genau das beherzige ich heute. Ich kann Ihnen sehr ans Herz legen, im Flow zu bleiben, sprich Ihre Aktivitäten aufgrund starker Verkaufserfolge nicht runterzufahren. Mir ist aus eigener Erfahrung sehr bewusst, dass dies verführerisch ist. Aber wenn dies einmal geschehen ist, dann müssen Sie den großen Stein wieder ins Rollen bringen. Das ist viel schwieriger als in am Rollen zu halten!

Viele Vertriebskräfte fallen immer wieder in dieses Muster zurück. Die Folge ist Frust und Resignation. Ruhen Sie sich nicht auf Ihren Erfolgen aus und bleiben Sie im Flow, dann haben Sie ein wesentlich zufriedeneres Vertriebsleben und vor allem höhere Umsätze mit weniger Energieaufwand.

Es gibt jedoch einen weiteren Grund für den Flow.

Als ich ein junger Fußballspieler war, wollte ich unbedingt einmal sehen wie Fußball-profis trainieren. In meiner Vorstellung mussten das die extremsten Übungen sein, die man sich nur denken kann. Schließlich waren es Fußballprofis, also das Beste, was man sich vorstellen kann.

Ich fuhr also zum Training eines Bundesligisten und war mehr als aufgeregt, was mich dort erwarten würde. Die Spieler betraten den Platz und nach einigen Laufrunden zum Aufwärmen sollte es mit dem Ball losgehen.

Und was geschah? Die Spieler stellten sich in ca. fünf Meter Abstand parallel zueinan-der auf und spielten sich die Bälle flach über 15 min zu. Hallo? Das war alles? Ja! Das war alles. Auch hiernach passierte nichts, was ich nicht selber aus meinem eigenen Training kannte. Völlig enttäuscht fuhr ich wieder nach Hause.

Erst heute ist mir klar: Echte Profis üben jeden Tag. Selbst die einfachsten Dinge wer-den jeden Tag geübt. Nur so gehen sie in Fleisch und Blut über und machen sie zum Automatismus.

Das berühmte Beispiel vom Autofahren kennen Sie alle. Zu Beginn ist jeder Schaltvor-gang eine Herausforderung. Dann fahren Sie jeden Tag und nach ein bis zwei Jahren läuft das ohne jegliches Nachdenken völlig automatisch ab.

2.3.1   Wie Du kommst gegangen . . .

Weiter oben haben Sie bereits gelesen, dass Ihr Bürodesign eine wichtige Rolle spielt. Aber nicht nur das Ihres Büros . . . Auch Ihr eigenes.

Wie schon im vorhergehenden Kapitel beschrieben, spielt auch hier der sogenannte Schlendrian eine wichtige Rolle.

Sicher ist es wichtig, welches Produkt Sie verkaufen, daher bleibe ich konkret in meiner Branche, der Finanzbranche. Hier lerne ich stets Vertriebler kennen, die aus Bequem-lichkeit Ihren Kleidungsstil „downsizen". Plötzlich wird die Anzughose durch eine Jeans getauscht, später fällt dann das Sakko weg und ganz zum Schluss vielleicht sogar das säu-berlich gebügelte Hemd. Es ist ja auch alles so schön bequem. Warum nicht gleich den Jogginganzug?

Verstehen Sie mich bitte in meinem überspitzten Ton nicht falsch. Ich selbst bin der Meinung, dass die althergebrachte Krawatte mittlerweile nicht mehr zwingend notwendig ist, zumindest nicht immer. Dennoch sollte Ihr Outfit zu den Erwartungen Ihres Kunden passen.

Einfach mal angenommen, Sie möchten sich in Sachen Geldanlage umfassend und gut von einem Experten auf diesem Gebiet beraten lassen. Für 10 Uhr haben Sie einen Termin in dessen Büro vereinbart und fahren erwartungsvoll (im wahrsten Sinne des Wortes) zum vereinbarten Termin.

Das Büro wirkt heruntergekommen. Es liegt in einer sozialschwachen Gegend und in einem unansehnlichen Haus. Schmutzige Scheiben fallen Ihnen als erstes ins Auge, gefolgt von einer mit ausgebleichten Plakaten verzierten Eingangstüre. Sie betreten das Büro und werden teilnahmslos von einer ungepflegten Bürodame in Empfang genommen. Warten dürfen Sie im Empfangsbereich mit lauwarmem Kaffee aus der Thermoskanne auf abgenutzten Möbeln sitzend, die in den 1980er-Jahren einmal hochmodern waren. Dann begrüßt Sie Ihr Finanzexperte. Sakko schlecht sitzend, zwei Knöpfe aufgeknöpft und ein nicht gebügeltes Hemd in tollem buntem Muster. Hierzu Jeans und ausgetretene Schuhe, die das letzte Mal vor ca. zwei Jahren poliert wurden.

Würden Sie diesem Menschen Ihr Geld anvertrauen? Sicher nicht. Und doch könnte er ein absoluter Experte auf seinem Gebiet sein. Er wird bei Ihnen dennoch keine Chance haben ein Geschäft zu machen bzw. Ihnen etwas zu verkaufen.

Das Beispiel mag stark übertrieben sein. Bewusst! Ich möchte Ihnen verdeutlichen, dass das Sprichwörter „Kleider machen Leute!" oder „Wie du kommst gegangen, so wirst du auch empfangen!" auch heute noch aktuell sind.

Ich kann Ihnen hier eindringlich raten nicht nachlässig zu werden und stets auf Ihr Äußeres zu achten.

Sicher sollte Ihr Outfit zu Ihren Produkten passen. Ein Verkäufer von Bentley sollte wie aus dem Ei gepellt mit Krawatte und Einstecktuch auftreten. Ein Verkäufer von Handwerksbedarf muss das nicht zwingend. Geben Sie sich ein stimmiges Äußeres.

2.3.2 Ein alter Hut … Aber enorm wichtig!

Es war im Dezember 1998. Das Ausbildungsende und damit meine hauptberufliche Vertriebskarriere standen kurz bevor. Mein damaliger Ausbilder fragte mich im Jahresabschlussgespräch: „Herr Heemskerk, welchen Umsatz wollen Sie im kommenden Jahr erzielen?". Ich war etwas überrascht aufgrund der direkten und unerwarteten Frage. Tja … Welches Umsatzziel hatte ich? Gar keins! Das sagte ich ihm auch. Seine Antwort lautete etwa wie folgt: „Nun, wenn Sie nicht wissen, was Sie umsetzen wollen, wie wollen Sie dann wissen, was Sie jeden Tag tun müssen?".

Mir war klar, was ich tun musste. Verkaufen! Doch bei näherer Betrachtung war seine Frage mehr als sinnvoll. Ich hatte mir noch nie ein Ziel gesetzt. Die Folge war ein unkontrolliertes Arbeiten. Mal mehr, mal weniger. Je nach Kontostand. Ich war oft nicht im Flow (siehe Abschn. 2.3).

Was brachte nun ein Jahresziel? Ganz einfach: Ich wusste nun, was ich jeden Monat, jede Woche und jeden Tag tun musste. Ich hatte also einen konkreten Plan, der mir vorher fehlte. Und genau diesen beherzigte ich schriftlich. Ich notierte mir meine Zwischenziele und Gesamtziele und glich sie jede Woche ab mit meinen Ergebnissen. Hört sich banal an, doch das Ergebnis hieraus war enorm: Eine Umsatzsteigerung zum Vorjahr um 400 %. Das war fantastisch, auch wenn ich vorher „nur" als Auszubildender verkauft habe. Und meine Führungskraft im Vertrieb glich diese Ergebnisse mit mir ab. Wie habe ich diese Wochenmeetings mit dem Umsatzabgleich geliebt, wenn ich über dem Soll war. Und wie habe ich Sie gehasst, wenn ich darunter lag. Allerdings war genau dieses Vorgehen einer der Schlüssel, warum ich zu den Top-Performern der Branche gehörte.

2.3.3 Und heute?

Verkaufen hat sich verändert! Wirklich? Ich glaube nicht. Natürlich können Sie austauschbare Produkte online kaufen. Das mache auch ich, das macht nahezu jeder. Wenn Sie ein und das gleiche Produkt online bestellen können und hier Preisdifferenzen zu finden sind, dann entscheiden Sie sich emotionslos für das Günstigere. Völlig logisch.

Doch wie viele Produkte sind heutzutage zu 100 % identisch und austauschbar? Sehr viele. Sehr viele jedoch nicht. Online Haare schneiden lassen? Geht nicht! Online eine Immobilie kaufen? Geht nicht! Online geht vieles, aber eben nicht alles. Es werden nach wie vor Menschen in direktem Kontakt benötigt. Das wird auch so bleiben.

Und selbst die Produkte, die Sie online kaufen, sind oft in Ihrer Qualität noch von Menschen abhängig. Ein online bestellter Flatscreen wird genau dann teuer, wenn er nicht Ihren Vorstellungen entspricht oder gar defekt wird. Dann ist guter Service vor Ort Gold wert.

Mein Büro befindet sich über einem großen lokalen Elektronikhändler. Er ist teurer als die großen Discounter wie Saturn oder Media Markt. Der Service ist jedoch Weltklasse. Dort nimmt man sich Zeit für Ihr Anliegen. Man bekommt stets eine hochqualifizierte Antwort auf seine Frage und last but not least: Gibt es Probleme bei Installation oder Defekten, dann ist der Service vor Ort unschlagbar. Da bezahle ich gerne etwas mehr. Sie sehen . . . Oft geht es nicht ohne Menschen, auch im Verkauf.

In der Finanzbranche kommen gerade die sogenannten Fintechs auf. Das sind im Grunde Online-Finanzberater. Man hat keinen Kontakt zu Menschen. Computer erledigen die Geldanlage. Ein gutes Gefühl? Für mich nicht, wenn ich an mein Geld denke. Ich möchte von einem vertrauenswürdigen Experten beraten werden, gerne online, aber von einem Menschen aus Fleisch und Blut mit dem ich mich austauschen und sprechen kann.

2.3.4 Das Beste aus zwei Welten

Manchmal macht es die Mischung. Für die Kundenakquise kann der Weg im Internet heute sehr hilfreich sein. Facebook-Marketing, Google-Anzeigen (AdWords), Newsletter-Marketing, Blogs . . . es gibt viele Wege auf sich aufmerksam zu machen. Doch nirgendwo wird mehr geschummelt und geschönt als im Internet. Und Hand aufs Herz: Fühlen Sie sich im Internet gut informiert? Ich höre immer häufiger von meinen Kunden, dass das Internet mehr verwirrt als informiert.

Googeln Sie doch einmal „Geldanlage". Sie bekommen zig Ergebnisse und auf jeder Seite wird Ihnen etwas anderes empfohlen. Und nun? Sehen Sie . . . Das ist so einfach nicht. Sie werden verwirrter als vorher sein.

Haben Sie aber eine starke Präsenz im Internet, sei es nun bei Facebook, mit Ihrem Blog oder mit Videos über Ihr Thema, dann haben Sie die Türe für Ihren potentiellen Kunden weit aufgestoßen. Sie machen ihm den Eintritt zur Kontaktaufnahme zu Ihnen einfacher und erhöhen die Chance, wahrgenommen zu werden. Letztlich müssen Sie aber in den persönlichen Kontakt kommen.

Meine Erfahrungen mit der Online-Welt sind genau diese. Im Jahr 2007 habe ich mit meinem Team eine Marketing-Kampagne über Google initiiert. Sie war sehr kostenintensiv, brachte jedoch eine beträchtliche Anzahl von Anfragen aus dem gesamten Bundesgebiet. Soweit, so schlecht . . . ! Ohne den persönlichen Einsatz und einer Präsenz vor Ort beim Kunden, war es für mein Business nicht fruchtbar. Ich musste wohl oder übel das persönliche Gespräch beim Kunden suchen. Rein digital oder via Telefon waren erfreuliche Umsätze hieraus ein Wunschtraum.

Heute ist das alles noch aufwendiger. Die digitalen Zeiten haben sich enorm weiterentwickelt. Um heute einen Interessenten über das Internet zu gewinnen, bedarf es eines langen Atems. Sie brauchen eine Markenbildung, Sie benötigen erstklassige Inhalte und Sie müssen ein ausgeklügeltes System schaffen, welches Ihre potentiellen Interessenten bei der Stange hält.

Erst gestern unterhielt ich mich mit einem alten Mitbewerber von mir, der ebenfalls 2007 anfing das Internet zur Kundengewinnung zu nutzen. Damals haben wir beide pro Monat um die 3000 € für unsere digitalen Kampagnen investiert. Ich habe nach ca. zwei Jahren mein Marketing wieder Richtung offline umgestellt, er ist am Ball geblieben. Mit großem Erfolg. In seinem Gebiet ist er heute der Platzhirsch. Jedoch für einen hohen Preis. Er investiert mittlerweile das Zehnfache seines Anfanginvests ins Onlinemarketing. Es rechnet sich zweifelsohne nach wie vor sehr gut für ihn. Doch die Zeiten haben sich sehr geändert. Kunden zögern, sind nicht mehr so schnell bereit für ein persönliches Gespräch, welches nach wie vor zwingend notwendig ist, um Umsatz zu machen. Zumindest, wenn Sie in einem beratungsintensiven Bereich aktiv sind.

Austauschbare Produkte werden immer stärker online gekauft. Bücher zum Beispiel bekommen Sie in der gleichen Qualität bei Amazon wie in Ihrer Buchhandlung. Und auch hier wird die Onlinewelt stärker. Amazon garantiert Ihnen seit neuestem Ihre Lieferung am gleichen Tag! Wow! Es gibt immer weniger Gründe ein Buch beim Einzelhändler vor Ort zu erwerben.

Mit Immobilien geht das jedoch nicht. Richten Sie sich gemäß Ihres Produktes aus. Wo liegt die Zukunft, wo können Sie für den Kunden kürzere Wege schaffen und gleichzeitig Vertrauen bilden und zur Marke werden?

Fazit: online ist wichtig, offline häufig unverzichtbar!

2.4   Abschlusstechniken – ja oder nein?

Früher wurden sie immer und immer wieder propagiert und geschult. Abschlusstechniken. Mit geschickten Fragen wurde der Kunde zum Abschluss bewegt und hatte kaum noch eine Wahl dem Abschluss zu entgehen.

Für meinen Geschmack ist das Schnee von gestern. Kein Kaufinteressent möchte heute noch durch platte Fragen Richtung Kaufabschluss geschoben werden. Menschen lieben es jedoch in der Regel, wenn man ihnen Entscheidungshilfen gibt.

Aus diesem Grund ist es nach wie vor ein gangbarer Weg den Interessenten durch sogenannte Vorwegabschlussfragen in die richtige Richtung zu bringen.

„Herr Kunde, einfach einmal angenommen das Produkt bietet für Sie Detail x mit dem Vorteil y, wollen Sie das Produkt dann mit all seinen Vorteilen auch nutzen?"

„Herr Kunde, vorausgesetzt wir können Ihnen das Produkt x zum Zeitpunkt y liefern, kommen wir dann ins Geschäft?"

Das alles sind klassische Abschlussfragen und sie sind heute noch unverzichtbar. Lassen Sie diese in Ihrem Verkaufsgespräch weg, dann hören Sie am Ende von Ihrem potentiellen Kunden folgende Aussagen:

„Das muss ich mir nochmal überlegen."

„Ich muss eine Nacht darüber schlafen."

„Ich melde mich bei Ihnen."

Haben Sie jedoch die Vorwegabschlussfragen in Ihrer Verkaufspräsentation systematisch eingebaut, dann sollten Sie am Ende des Gespräches … Ja was denn eigentlich?

Ich verrate es Ihnen: Auf gar keinen Fall fragen, ob der Interessent Ihr Produkt kaufen möchte, sondern sagen, dass er es kaufen soll! Menschen lieben es, wenn man Ihnen die Entscheidung abnimmt und hier muss er nicht mal ein schlechtes Gefühl haben. Schließlich hat er vorweg einige Male auf Ihre Vorwegabschlussfragen positiv geantwortet und Ihnen bestätigt, dass er unter gewissen Voraussetzungen mit Ihnen ins Geschäft kommen will. Warum nun also noch fragen? Sagen Sie Ihrem Kaufinteressenten nun, dass er kaufen soll.

„Lieber Herr Kunde, Sie haben nun erfahren, dass das Produkt in allen Punkten ideal zu Ihnen Vorstellungen passt. Haben Sie nun noch Fragen hierzu? … Prima, dann sage ich auf gute Zusammenarbeit." (Reichen Sie an dieser Stelle, je nach Kundentyp, Ihrem Kunden ruhig die Hand als Symbol des Geschäftsabschlusses.)

„Lieber Herr Kunde, wie Sie nun gesehen haben, ist das Produkt in allen Belangen genau passend für Sie, richtig? Gut, dann lassen Sie uns nun gemeinsam den Antrag ausfüllen."

2.5   Können Sie die Wahrheit vertragen?

Genau im gleichen Maße, wie Sie dem Kunden sagen müssen, dass er kaufen soll, müssen Sie ihm sagen, wenn etwas schlichtweg nicht machbar ist.

Immer wieder erlebe ich in meinen Gesprächen mit Verkäufern, dass sie es immer noch bevorzugen unangenehme Wahrheiten nicht aus zu sprechen, um den Kaufinteressenten nicht zu verlieren.

Das ist Unsinn! Ich rate hiervon dringend ab. Sagen Sie Ihrem Kaufinteressenten offen und ehrlich was geht und was nicht. Sie werden es zu schätzen wissen. Zudem haben Käufer in dem Fall das Gefühl keinem Schwätzer und glattem Verkäufer gegenüber zu stehen, sondern einem ehrlichen Menschen, der zu seinem Wort steht. Und genau das wollen Kunden von heute. Schlimm ist hingegen, wenn Sie um des Auftrags willen Zusagen machen, die Sie nicht einhalten können. Logischerweise geht dieser Schuss in den Ofen. Verpacken Sie es einfach charmant, wenn es unangenehm wird:

„Lieber Herr Kunde, sind Sie interessiert an einem offenen Wort? Gut, dann möchte ich Ihnen sagen, dass es unmöglich ist das Produkt x in der Zeit y zum Preis z zu liefern. Eines verspreche ich Ihnen jedoch. Ich werden alles in meiner Macht stehende unternehmen, um Ihnen die besten Konditionen rauszuholen."

In diesem Beispiel ist alles schön verpackt . . . Eine einleitende Frage zur ungeschminkten Wahrheit, dann die unangenehme Nachricht und als Abschluss eine Leistungszusage.

Sie werden feststellen, dass wird Ihre Kunden in den meisten Fällen zufrieden stellen.

2.6   Weiter, immer weiter!

Sie haben bereits gelesen, dass ich ein leidenschaftlicher Fußballspieler war. Für mich war dieser Sport Lebensinhalt und bereits in der Grundschule verbrachte ich fast jeden Tag auf dem Fußballplatz. Wenn Sie einmal mit dem Fußballvirus infiziert sind, dann bekommen Sie den nur noch sehr schwer wieder weg.

In meiner bescheidenen Sportkarriere gehörte ich durchaus zu den talentierten Spielern, doch der große Durchbruch gelang mir nicht. Das hatte einen einfachen Grund: Ich war mit doch einigem Talent bedacht, jedoch hatte ich nicht die Ausdauer für ein großes Ziel zu kämpfen.

Welcher kleine Junge möchte nicht später einmal Fußballprofi werden? Diesen Traum gibt es zuhauf. Und schaffen werden es die allerwenigsten. Selbst wenn Sie als Jugendlicher in der A-Jugend eines Bundesligavereins spielen, steht die Chance auf eine Berufung in die Profimannschaft auf 1–3 %.

Woran liegt das? Warum schaffen es die talentiertesten Fußballer nicht in die Bundesliga, wenn akribische, jedoch limitierte Fußballarbeiter den Weg dorthin meistern?

In meiner Jugend habe ich auf einem Jugendturnier gespielt. Damals spielte in einer der gegnerischen Mannschaften ein Junge, der zum Sinnbild des Sommermärchens 2006 bei der WM in Deutschland werden sollte. Torsten Frings. Nationalspieler, Profi bei Bayern

München, Dortmund und Bremen. Nicht wenige Menschen behaupten noch heute, dass sein Ausfall im Halbfinale gegen Italien der Knackpunkt war, warum die deutsche Elf damals ausgeschieden ist.

Torsten Frings war jedoch fußballerisch, so mein Eindruck damals, alles andere als ein Überflieger. Er war keiner, der durch technische Finessen glänzte und dem der Ball gehorchte. Aber eines zeichnete ihn bereits damals aus. Er war extrem ehrgeizig, gab keinen Ball verloren, auch wenn er noch so aussichtslos erschien. Er war permanent in Bewegung, eine wirklich überaus beachtliche kämpferische Einstellung.

Und genau das ist die Zutat, die einen erfolgreichen Vertriebler von einem erfolglosen unterscheidet. Der Ehrgeiz und die Ausdauer. Nie aufgeben, immer weitermachen. Ein großes Ziel mit aller Konsequenz verfolgen. Mehr geben als andere, Rückschläge verdauen und dann wieder in den Angriff schalten. Mir fehlte das leider als junger Fußballer … Das kam bei mir erst viel später in meiner beruflichen Laufbahn ans Tageslicht.

Um es mit den Worten von Oliver Kahn zu sagen: „Weiter, immer weiter!"

Ich bin gut mit einem ehemaligen Fußballprofi befreundet, der über 380 Bundesligaspiele gemacht hat. Er hat heute noch seine Trainingspläne aus der Grundschulzeit! Wo andere im Freibad waren, war er auf der Laufbahn auf dem Sportplatz und drehte akribisch seine Runden gemäß Trainingsplan, der er sich für die Sommerferien zurecht gelegt hatte. Jeden Tag! Sind Sie bereit diesen Weg zu gehen? Dann haben Sie optimale Voraussetzungen für große Erfolge, nicht nur im Vertrieb.

Ein weiteres Beispiel

Ganz in der Nähe von mir wuchs der deutsche Stargeiger David Garret auf. Vor kurzem durfte ich eine Dokumentation über ihn im TV sehen, in der er nach seinem Lebensweg gefragt wurde. Welche Hobbies hatte er als Kind oder Jugendlicher? Wie sieht heute sein Alltag aus?

Seine Antwort: „Ich habe immer nur Geige gespielt, sonst nichts! Und das tue ich auch heute noch."

Das mag manchen von Ihnen sehr eintönig und langweilig erscheinen. Für ihn ist es das nicht. Er brennt dafür. Es ist seine Leidenschaft.

Was ist Ihre Leidenschaft, für die Sie brennen und genau den Ehrgeiz und die Ausdauer aufbringen, die große Ziele erfordern?

2.7   Ein gesunder Geist wohnt in einem gesunden Körper!

Das Sprichwort ist Ihnen sicher bekannt. Umso überraschter bin ich häufig, wie wenige Menschen das berücksichtigen. Stress, ungesunde Ernährung und zu wenig Bewegung sind aus meiner Sicht die größten Erfolgsverhinderer unserer Zeit.

Ich persönlich kenne kaum einen erfolgreichen Menschen, der nicht regelmäßig Sport treibt und seine Seele pflegt. Das kann bei jedem anders aussehen. Der eine liest gerne ein gutes Buch zur Entspannung, der andere meditiert. Wie Sie heute entspannen und Ihrer

Seele etwas Gutes tun, ist Ihnen selber überlassen. Auch welche Sportart Sie treiben ist Geschmackssache. Ich selbst laufe regelmäßig und mache Krafttraining. Meine Entspannung ist häufig ein gutes Buch, aber auch Reisen sind für meine Seele immer wieder wie ein Resetknopf.

Nun werden viele von Ihnen sagen „Ja, aber ich habe hierfür keine Zeit!". Wenn ich diesen Einwand höre, kann ich mir ein Schmunzeln nicht verkneifen. Schreiben Sie einmal einen Monat lang jeden Tag auf, wofür Sie Ihre Zeit opfern. Ich gehe jede Wette mit Ihnen ein, dass hier endlos viel Zeit für Unsinn investiert wird. Facebook & Co. lassen grüßen.

Setzen Sie Prioritäten, tragen Sie feste Termine in Ihren Kalender ein, die nur für Bewegung und geistige Entspannung reserviert sind. Das müssen keine Stunden sein. Nur regelmäßig sollte es sein. Vielleicht können Sie ein Ritual in Ihren Alltag integrieren, beispielsweise ein kleiner Spaziergang nach dem Aufstehen, um gut in den Tag zu starten und die Lungen mit Sauerstoff zu füllen. Die Möglichkeiten sind unbegrenzt.

Erst wenn es zu spät ist und der Körper sich mittels Krankheiten äußert, dass Sie einen falschen Lebensstil leben, werden viele Menschen wach und versuchen dann krampfhaft etwas zu ändern. Leider lernen wir am besten durch Schmerzen.

Im Vertrieb ist das besonders ausgeprägt. Der Leistungsdruck ist hoch, da man in der Regel nur über den Umsatz Geld verdient. Je mehr Umsatz, desto mehr Einkommen, desto mehr Zeit muss ich jedoch aufbringen.

Vergessen Sie das … Sie werden immer uneffektiver, wenn Sie nicht fit sind. Sowohl körperlich, als auch geistig.

Der Zeitpapst Lothar Seiwert hat einmal gesagt: „Wenn Du es eilig hast, gehe langsam!". Was hiermit gemeint ist, dürfte jedem Leser klar sein. Innehalten und sich besinnen, um hierdurch deutlich effektiver zu werden und so schneller ans Ziel zu kommen.

Ich bin sicher kein Moralapostel, doch auch beim Thema Ernährung habe ich eine sehr konkrete Meinung in Bezug auf die Leistungsfähigkeit. Viele Vertriebler eilen von Termin zu Termin und haben keine Zeit gesund zu essen. McDonalds und Co. leben von diesem Zustand. Es wird nicht nur fragwürdige Nahrung zu sich genommen, sondern auch in Hast und Hektik. Beides zusammen ist für Ihren Körper einfach gesagt Müll. Sie kaufen das beste Motorenöl für Ihren Wagen, damit er weiterhin schnurrt wie ein Kätzchen und selber kippen Sie im übertragenen Sinne das schlechteste Öl in Ihren Körper. Das macht wenig Sinn.

Ja, ich weiß … Es bedarf Disziplin und Konsequenz für Sport, gute Ernährung und Entspannung. Ich selber musste das lernen! Versichern kann ich Ihnen jedoch: Sobald Sie diese Themen in Ihren Wochenplan integrieren (und konsequent umsetzen) geht es in Fleisch und Blut über und wird Ihnen immer leichter fallen, bis es alltäglich wird.

Und glauben Sie mir … Es macht wesentlich mehr Spaß morgens fit und ausgeschlafen aufzustehen, als sich aus dem Bett quälen zu müssen.

2.8   Meine 5 wichtigsten Verkaufstipps

2.8.1   Halten Sie Ihre Verkaufsgespräche einfach!

Fahren Sie keine Umwege und lassen Sie alles weg, was nicht ins Gespräch gehört. Reden Sie nicht um den heißen Brei herum, sondern fragen Sie den Kunden nach seinen Wünschen und, wenn realistisch, erfüllen Sie diese. Verzichten Sie auf ausschweifende Präsentationen. Kommen Sie auf den Punkt. Lassen Sie Fachbegriffe weg und versuchen Sie möglichst einfach und anhand einfacher Beispiele zu erläutern, warum das Produkt das passende für Ihren Kunden ist. Sagen Sie dem Kunden am Ende des Gespräches, dass er nun kaufen soll. Fragen Sie nicht mehr. Machen Sie es einfach, im wahrsten Sinne des Wortes.

2.8.2   Nutzen Sie Bilder und Emotionen!

Nichts ist langweiliger als ein monotoner Verkäufer, der sachlich und fachlich zwar auf der Höhe ist, jedoch extrem langweilig verkauft. Das möchte kaum ein Kunde. Bedienen Sie sich einer bildhaften Sprache und auch Bildern in Ihren Unterlagen, die Emotionen wecken. Nichts ist so stark wie eine gute Emotion im Verkauf. Bringen Sie haptische Elemente in Ihren Verkauf ein, um die Emotionen beim Kunden zu wecken. Das fängt bereits bei Ihrer Visitenkarte an und geht bei Ihrer Homepage und Ihrem Erscheinungsbild weiter. Sorgen Sie für ein klares und ansprechendes Design in all Ihren Auftritten. Sie wirken. Immer und überall!

2.8.3   Disziplinieren Sie sich und strukturieren Sie sich!

Die meisten Verkäufer sind gerade deshalb erfolglos, weil sie keine Disziplin und somit auch keine Struktur in Ihrem Alltag haben. Es wird aus dem Bauch heraus gearbeitet. Nach meiner Erfahrung ist das der Anfang vom Ende. Wirklich erfolgreiche Verkäufer sind extrem diszipliniert. Sie wissen genau, was Sie jeden Tag zu tun haben und setzen das mit aller Konsequenz um. Sie lassen sich nicht defokussieren und haben eine klare Struktur in ihren Abläufen. Der Tag ist strukturiert und alle Prozesse sind klar und deutlich. So werden Verkaufsabläufe früher oder später zu Automatismen und gehen in Fleisch und Blut über. Disziplin ist darüber hinaus wichtig, um im sogenannten Flow zu bleiben.

2.8.4   Anspannung und Entspannung

Nehmen Sie sich Auszeiten. Wenn Sie hart arbeiten (Anspannung), dann benötigen Sie zwingend Ihre Auszeiten (Entspannung). Viele Verkäufer vernachlässigen das. Die Folge:

Burnout, Demotivation, gescheiterte Beziehungen. Glauben Sie mir, Sie sind nicht unersetzlich, auch wenn Sie das glauben. Ohne Sie dreht sich die Welt weiter. Daher: Nehmen Sie sich Ruhephasen. Ob das nun der Kurzurlaub übers Wochenende ist oder der (für mich sehr empfehlenswerte) 3-wöchige Urlaub an einem ruhigen schönen Fleckchen dieser Erde. Sie tanken Energie. Vor allem aber kommen Sie zur Ruhe und schöpfen automatisch neue Ideen und neue Motivation. Mit Abstand, den man zu sich und seiner Arbeit so gewinnt, betrachtet man die Dinge deutlich klarer und besser.

2.8.5   Pflegen Sie Ihre Bestandskunden

Dieser Tipp ist nicht neu, wird jedoch extrem vernachlässigt. Ein Kunde, der Ihnen schon einmal Vertrauen geschenkt hat, ist für ein weiteres Produkt deutlich einfach zu überzeugen als ein Neukunde, der Sie noch nicht kennt bzw. Ihnen noch nicht vertraut. Nutzen Sie hierzu alle sich Ihnen bietenden Möglichkeiten. Das Telefon und der klassische Brief geraten leider dabei immer mehr in Vergessenheit. Es ist ja so praktisch etwas bei Facebook zu posten oder dem Kunden eine Mail zu senden. Schnell weg und fertig … Meine Meinung: Nutzen Sie gerne Mails etc.. Nutzen Sie jedoch vor allem wieder einmal die klassischen Kommunikationswege. Bei einem Telefonat muss der Kunde mit Ihnen kommunizieren (bei einer Mail nicht). Ich habe es schon häufig erlebt, dass sich im Laufe eines Telefonats eine neue Geschäftsmöglichkeit ergab, weil der Kunde mir von Problemen erzählte, die ich für ihn lösen konnte. Auch der klassische Brief ist aus meiner Sicht ein starkes Tool zur Kundenpflege. Haben Sie mal versucht einen Brief weg zu klicken wie eine Mail? Geht nicht. Ein Brief in schönem Briefpapier und handschriftlich verfasst, bestenfalls noch mit einer kleinen haptischen Beilage, wird immer geöffnet und auch gelesen. Es ist zudem eine ganz andere Wertschätzung für den Kunden. Nutzen Sie Kundenveranstaltungen? Dann mal los. Es gibt sehr viele Möglichkeiten, um den Kunden zu pflegen und an sich zu binden. Irgendwann werden Sie einen so zufriedenen Kundenstamm haben, dass Sie keine Neukundenakquise mehr benötigen. Ich kennen einige Vertriebler, die das genauso handhaben.

Meine Erfolgsfaktoren auf einen Blick

- Halten Sie Ihre Verkaufsgespräche einfach (keine Fachtermini und Ausschweifungen).
- Nutzen Sie die Kraft der Bilder.
- Nutzen Sie die Kraft der Haptik.
- Nutzen Sie die Kraft der Emotionen.
- Setzen Sie sich von Ihrem Mitbewerben ab; Inszenieren sie sich und Ihr Produkt.
- Nicht zu viele Angebote, Verknappung bringt Erfolg.

- Nutzen Sie die Kraft von Geschichten.
- Nutzen Sie die Sandwichtechnik.
- Nutzen Sie große Preise und brechen Sie diese dann stets runter.
- Bleiben Sie im Flow – Ruhen Sie sich nie auf Erfolgen aus.
- Ausdauer schafft Erfolg – nicht Talent!
- Sagen Sie Ihrem Kunden, dass er kaufen soll – Nicht fragen!
- Gehen Sie online ohne offline zu werden.
- Pflegen Sie Körper und Geist.

Die 12 Geheimnisse des Verkaufs 3

Vor einiger Zeit besuchte ich eine Fachtagung von Führungskräften im Vertrieb in Zürich. Dabei wurde heftig darüber diskutiert, was ein Verkäufer mitbringen muss, um in seinem Job erfolgreich zu sein. Einige Führungskräfte äußerten die Ansicht, dass es den „geborenen" Verkäufer gäbe. Wieder andere bestritten dies heftig und argumentierten, dass Verkaufen ein Handwerk wie jedes andere und damit erlernbar sei. Im Lauf der Diskussion begannen die Führungskräfte Eigenschaften erfolgreicher Verkäufer zu sammeln. Daraus ergaben sich zwölf Eigenschaften, bei denen sich die Führungskräfte einig waren und welche auch ich in meiner langjährigen Funktion als Verkaufsleiter und Verkaufstrainer immer wieder bei erfolgreichen Verkäufern beobachte. Bevor ich Ihnen diese Eigenschaften verrate, möchte ich aber meine Meinung zum ewigen Thema „geborener Verkäufer" loswerden.

3.1   Der Mythos vom geborenen Verkäufer

Vermutlich haben Sie auch schon einmal jemanden sagen hören; „Er ist halt ein geborener Verkäufer". Manchmal höre ich auch von einem Teilnehmer am Anfang eines Verkaufstrainings „Ich bin halt *kein* geborener Verkäufer." Die letzte Aussage wird jeweils als vorauseilende Entschuldigung und aus Angst vor vermeintlicher Bloßstellung in einer Gruppe vorgeschoben. Beiden gemeinsam ist die weitverbreitete Annahme, dass Verkäufer „geboren" werden und diese ihre Fähigkeiten quasi vom Allmächtigen in die Wiege gelegt bekommen haben. Noch nie habe ich allerdings jemanden sagen hören, „Er ist halt ein geborener Schreiner" (die Berufsliste ließe sich noch beliebig weiterführen).

Woher kommt dann der Glaube vieler Zeitgenossen, dass bestimmte Menschen ausgerechnet zum Verkäufer „geboren" sein sollen? Nun, ich vermute, dass das Thema Verkauf von vielen Leuten mit viel (und oftmals viel zu viel) Reden und übersteigertem Selbstvertrauen assoziiert wird. Oder etwas provokant ausgedrückt: Große Klappe und selbstverliebt = geborener Verkäufer! Das Ganze hat allerdings einen Haken: Wer selbst ständig spricht und sich gern selbst sprechen hört, hat gleichzeitig keine Zeit zuzuhören. Und wer nicht zuhört, kann nicht auf die Wünsche und Bedürfnisse seines Gegenübers eingehen. Eine der Grundvoraussetzungen für einen wirklich guten Verkäufer!

Spätestens jetzt wird den meisten von Ihnen wahrscheinlich klar (falls es Ihnen nicht schon lange klar war), dass es nicht reicht, nur viel zu reden, um im Verkauf erfolgreich zu sein (und reden lernen wir auch erst, *nachdem* wir schon auf Mutter Erde angekommen sind!) Vielmehr handelt es sich auch beim Verkauf um ein Handwerk. Jedes Handwerk wird erlernt und die dazugehörigen Fähigkeiten sind nicht angeboren, sondern oft mühsam antrainiert! Und wie in jedem Handwerk gibt es auch im Verkauf Menschen, die es zu wahrer Meisterschaft bringen und andere, die oft ein Leben lang im Durchschnitt verharren.

Hier nun die Fähigkeiten und Eigenschaften wirklich erfolgreicher Verkäufer.

3.1.1   Die 4 Ms – „Man muss Menschen mögen"

Diese innere Haltung ist entscheidend dafür, mit wildfremden Menschen in Kontakt zu treten und den Umgang auch mit anspruchsvollen Persönlichkeiten zu pflegen. Diese Einstellung wird durch das Elternhaus und die Erfahrungen in der Jugend entscheidend geprägt. Wer also bereits vor Eintritt ins Berufsleben positive Erfahrungen im Umgang mit Menschen gemacht hat, wird in den allermeisten Fällen anderen offen und ohne Vorurteile begegnen. Diese Charakter-Eigenschaft lässt sich heute durchaus bereits in der Rekrutierungsphase durch immer raffiniertere Persönlichkeitstests messen. Dies macht aus meiner Erfahrung absolut Sinn, da Ihnen ja kein Bewerber für ein Verkaufsjob auf die Frage: „Mögen Sie Menschen?" mit „Nein" antworten wird. Zudem würden die Bewerber aus tiefstem Herzen mit Ja antworten, da sie selbst davon überzeugt sind. Das heißt allerdings nicht, dass es auch zutrifft. Spätestens bei firmeninternen Spannungen wird diese Eigenschaft auf eine harte Probe gestellt. Sobald der Verkäufer mit dem Argument „Ich bin die Stimme unserer Kunden" die Marketing- oder Produktionsmitarbeiter drangsaliert oder bei Problemen die Schuld immer bei anderen sucht, ist es nicht weit her mit Offenheit und

Respekt. Es geht nicht darum, dass der Verkäufer im „Weichspülgang" auftritt. Natürlich gehört zu einem guten und erfolgreichen Verkäufer auch die Fähigkeit, für seine Sache zu kämpfen. Es ist jedoch ein himmelweiter Unterschied, ob jemand mit stahlharten oder weichen Bandagen kämpft. Derjenige, der Siege auf Kosten anderer erringt, hat nicht verstanden, dass dies nichts mit modernem Verkaufen zu tun hat. Wer Menschen wirklich mag, kann auch knallharte Forderungen so durchbringen, dass keine Leichen seinen Weg pflastern (frei nach Clint Eastwood). Er gewinnt das Vertrauen von Menschen durch sein echtes Interesse, auch oder gerade in jenen Fällen, in denen es sich beim Gegenüber um Personen mit anderen Hintergründen und Zielen handelt. Dies gilt sowohl im Umgang mit Kunden wie auch mit internen Mitarbeitern.

Die erfolgreichsten Verkäufer feiern Erfolge immer als Erfolge des ganzen Teams und nicht als ihre persönliche Einzelleistung. Dies tun sie natürlich auch mit einem gewissen Maß an Eigeninteresse, weil sie wissen, dass Menschen, welche an Erfolgen teilhaben dürfen, auch engagierter an den kommenden Herausforderungen mitarbeiten werden. Dennoch macht es ihnen auch einfach Spaß und Freude, andere am Erfolg teilhaben zu lassen – eben, weil sie Menschen mögen. Aber Achtung: Bitte verwechseln Sie diese Eigenschaft bei einem Verkäufer nicht mit einem Vielschwätzer, der seine Mitarbeiter und Kunden stundenlang mit seiner übersprühenden Art einnebelt. Diese Spezies des Verkaufs hat nichts mit einem Top-Verkäufer zu tun und ist daher viel leichter zu finden. Der Top-Verkäufer konzentriert sich mit all seiner Kraft auf seine wahre Aufgabe, das Verkaufen. Er lässt sein Umfeld gleichzeitig spüren, dass er sich dafür interessiert und dies aus innerer Überzeugung. Internen Hahnenkämpfen geht er aus dem Weg und nimmt auch nicht an solchen Parteispielen teil. Damit behält er seine Neutralität und Unabhängigkeit.

Dazu ein Zitat des besten Verkäufers der Welt (Guinness-Buch der Rekorde), Joe Girard:

> Werden Sie dort, wo Sie arbeiten kein Teil von dem, was wir den „Hahnenkampf-Ring" nennen. Das ist der Ort, wo die ganzen Kerle am Morgen zusammenstehen und ihre Zeit damit vergeuden, zu diskutieren, was sie gestern Nacht gemacht haben oder worüber sich ihre Frau beim Frühstück beschwert hat oder irgendein anderes Thema, das absolut nichts mit Arbeit zu tun hat („How to sell anything to anybody").

Natürlich wird er sich trotzdem (oder gerade deswegen) intern Feinde machen. Einige werden ihn um seine Erfolge beneiden, und Neid ist der Bruder von Angst. Anderen wiederum wird er wegen seiner Neutralität suspekt erscheinen und mutiert damit zum potentiellen Feind. So oder so wird auch der Top-Verkäufer mit seiner menschenorientierten Persönlichkeit auf Personen treffen, welche ihn nicht mögen. Dies erschüttert den Top-Verkäufer aber nicht in seinen Grundfesten und er verliert deshalb nicht seine Fähigkeit, offen und ohne Hintergedanken auf Menschen zuzugehen.

3.1.2   Der Umgang als Führungskraft mit Top-Verkäufern mit der Eigenschaft der 4 Ms

Zeigen Sie dem Verkäufer Wertschätzung und schenken Sie ihm Vertrauen im Umgang mit Mitarbeitern und Kunden. Fragen Sie ihn durchaus um Rat, beispielsweise in schwierigen zwischenmenschlichen Konflikten. Er wird Ihnen gerne mit Rat zur Seite stehen und Sie mit seinem feinen Gespür beraten. Diese Art der Wertschätzung wird er Ihnen hoch anrechnen und mit seiner Loyalität danken.

3.1.3   „Wer fragt, führt"

Erfolgreiche Verkäufer erfahren die wirklichen Bedürfnisse ihres Gegenübers mit Fragen und lenken so auch das Gespräch. Es gibt Top-Verkäufer, die ganze Verkaufsgespräche ausschließlich „nur" mit gezielten Fragen bestreiten und zum Abschluss bringen. Wie Sie vermutlich bereits ahnen, gibt es auch in dieser Disziplin große Unterschiede: Da hätten wir einmal den „Fragen gehören halt dazu"-Typ. Dieser stellt in der Regel wenige Fragen und diese auch nur, weil er davon ausgeht, es gehöre zum Job. Er bereitet sich meist nicht individuell auf einen Kundenkontakt vor, indem er gezielte Fragen vorformuliert, sondern stellt meist standardisierte Fragen nach Prozessen für die Erfüllung eines erhofften Auftrags. Motiv-Ermittlung und Kundenergründung versteht er als unnötigen Ballast, welche in seinem Verständnis der Verkaufsaufgabe nicht zum Ziel führt. Er selbst bezeichnet sich als „Realist" und ist der Überzeugung, dass Produktvorteile beim Kunden für sich selbst sprechen.

Neben dieser Spezies findet sich der „Ich gehe auf jeden Kunden ein"-Typ. Dieser stellt Fragen über Fragen, nur leider ohne erkennbare Struktur und Ziel. Er erinnert mich an einen Schlafwandler im Einkaufscenter. Dieser streift durch die Regale, greift sich, was sich ihm in den Weg stellt und spaziert mit schlafwandlerischer Sicherheit und einem vollen Einkaufswagen weiter. Nur dumm, dass er im Traum keinen Einkaufszettel geschrieben hat (bzw. keinen, der ihm nach dem Aufwachen noch logisch erscheint und der Situation in seinem Kühlschrank entspricht). Entsprechend hat dieser Verkäufer zwar viele Infos erhalten, nur fehlt die Struktur. Die Qualität der Antworten gleicht demzufolge mehr einem unvollständigen Puzzle als einer strukturierten und zielführenden Bedarfsabklärung.

Ganz anders der Top-Verkäufer: Er bereitet seine Fragen vor jedem Gespräch akribisch vor und weiß genau, was er damit erreichen will. Er bleibt zwar auch bei seinen Fragen flexibel, aber er verliert nie den Faden und somit auch nie die Kontrolle. Fragen versteht er als konsequenten Weg zum Ziel. Je nach Situation setzt der Top-Verkäufer Fragen ein, um Informationen zu erhalten. In noch weit umfangreicherem Maße verwendet er seine Fragen jedoch, um damit bei Kunden Wünsche zu erzeugen und zu verstärken. Bei Einwänden des Kunden reagiert er nicht alleine mit „logischen" Argumenten, sondern setzt gezielt Fragen ein, um dem Kunden dadurch die Chance zu geben, die Antworten gleich selber zu finden. Nochmals: Der Top-Verkäufer stellt nicht einfach viele Fragen, sondern hat eine klare Struktur auf seinem Weg zum Ziel. Je nachdem wie sich das Gespräch entwickelt, bleibt er auch hier flexibel, kehrt aber immer wieder auf seine Struktur zurück. Besonders interessant sind die Fragen von Top-Verkäufern in der Bedarfsabklärung bei potentiellen Neukunden:

Anstatt gleich zum Anfang mit fachspezifischen Fragen loszulegen, bitten sie den Ansprechpartner oft, sein Unternehmen vorzustellen. Sie fragen auch nach der Positionierung und den Herausforderungen der betreffenden Firma in ihrem Markt. Dies auch dann, wenn das eigene Produkt scheinbar nichts damit zu tun hat und der vom Top-Verkäufer vertretene Hersteller nur ein Drittlieferant ist. Ein Beispiel: Ein IT-Cloud-Verkäufer fragt den CIO eines Werkzeugherstellers, usw. Es gibt gleich mehrere Gründe für den Top-Verkäufer, dies zu tun. Einerseits weiß er, dass es Menschen gerade auf C-Level schätzen, wenn sie nach ihren Märkten gefragt werden und darüber erzählen können. Zudem fühlt sich der Gesprächspartner dann nicht bedrängt, weil er zuerst mit seinem Wissen glänzen kann. Andererseits sind die dabei erhaltenen Informationen für den Top-Verkäufer unter Umständen durchaus relevant und wertvoll. Erhält er vom CIO des Maschinenherstellers zum Beispiel die Information, dass dieser aus Kostengründen einen Teil der Produktion nach Asien verlegt, der Hauptsitz in Deutschland aber unbedingt erhalten werden soll, kann er dies für seine kommende Argumentation gegenüber dem potentiellen Kunden verwenden. Er wird dann damit argumentieren, dass seine Cloud-Lösung standortunabhängiges Arbeiten zu niedrigen Kosten erlaubt – eben genau die Argumente, die ihm sein Ansprechpartner in der Bedarfsabklärung geliefert hat. Sie denken, das sei doch selbstverständlich, dass Verkäufer so vorgehen? Leider weit gefehlt. Bitten Sie Ihre Verkäufer doch einmal, die Märkte und die drei größten Herausforderungen ihrer zehn A-Kunden zu beschreiben. Ich garantiere Ihnen, dass dies nur der Top-Verkäufer schafft. Alle anderen Verkäufer sind so auf ihr Produkt versteift, dass sie keine Ahnung haben, was ihre Kunden in deren Märkten überhaupt genau anbieten oder produzieren. Doch gerade in wettbewerbsintensiven Märkten werden Zulieferer heute nach dem Mehrwert der eigenen Marktpositionierung gewählt. Wer hier die richtigen Argumente zu den austauschbaren Produkten bietet, hat sehr oft entscheidende Vorteile. Umso dramatischer, dass viele Verkäufer dazu keinen Plan haben. Dabei müssten sie nur aktiver fragen!

Um eine entscheidende Frage ist der Top-Verkäufer ebenfalls nie verlegen: der Frage nach dem Abschluss. Auch in komplexen und langwierigen Projekten stellt er immer wieder Abschlussfragen, um Teilziele voranzutreiben und abzusichern. Dies ist gerade bei Geschäften mit verschiedenen Parteien auf der Gegenseite sehr wichtig. Immer wieder erlebe ich, dass Verkäufer auf anfängliches Drängen eines potentiellen Kunden bei der Erstellung einer langwierigen und zeitraubenden Offerte vorwärts drängen, nur um nach Ablieferung derselben vom Ansprechpartner die längste Zeit nichts mehr zu hören. Mit gezielten Teil-Abschlussfragen bei der Offerten-Präsentation kann dieser mühsamen aber leider weitverbreiteten Unart auf Kundenseite zumindest teilweise entgegengehalten werden.

Bei der Abschlussfrage gibt es wie bei allen Fragetechniken verschiedene Spielarten. Bei Top-Verkäufern bin ich immer wieder erstaunt, welche simplen Methoden diese wählen. Ohne große Umschweife fragen sie danach, ob das Geschäft also „so" gemacht werden kann. Kein großes Tam-Tam, sondern klar und direkt auf den Punkt gefragt. Manche Top-Verkäufer fragen aber auch erst gar nicht danach, sondern haben andere Methoden. Aber die sind nicht Bestandteil dieses Kapitels.

Wenn Top-Verkäufer mit Einwänden konfrontiert werden (und ja – auch sie werden damit konfrontiert), stellen sie meist eine Gegenfrage. Während der ungeschulte Verkäufer hier zu argumentieren beginnt, um den Einwand zu beseitigen, stellen die Top-Verkäufer zuerst einmal eine Gegenfrage, um den Hintergrund des Einwands zu erfahren. Simpel? Ja, wenn Sie es hier lesen, vielleicht. Tatsache ist, dass in der Praxis viel zu viele Verkäufer eben mit ausschweifenden Lobgesängen auf ihr Produkt beschäftigt sind, statt mit einer gezielten Gegenfrage die Führung zu behalten.

3.1.4   Der Umgang als Führungskraft mit der Fähigkeit der Fragetechnik

Lassen Sie diese Top-Verkäufer ihr Wissen rund um das Thema „Richtige Fragen stellen" an andere Verkäufer weitergeben. Dafür eignen sich zum Beispiel interne Workshops sehr gut. Erarbeiten Sie mit diesen Verkäufern eine Liste von erfolgreichen Fragen für Ihre Branche und stellen Sie diese dem ganzen Verkaufsteam zur Verfügung Achten Sie auch bei gemeinsamen Kundenbesuchen darauf, welche Fragen der Top-Verkäufer wann und wie stellt. Sie können dem Verkäufer nach dem Besuch eine qualifizierte Rückmeldung geben. Ein Top-Verkäufer wird sich freuen, sich mit Ihnen auf „Augenhöhe" über seine Fragetechniken auszutauschen. Natürlich sind die bei Kunden angewendeten Fragetechniken in angepasster Form auch in der Führung einsetzbar. In Mitarbeitergesprächen erfahren Sie mit geschickten Fragen, wo die Motive, Wünsche und Vorstellungen Ihres Gegenübers liegen. Erfahrene Führungskräfte bereiten dabei eine Struktur von zielgerichteten Fragen vor, mit welchen sie das Gespräch in die gewünschte Richtung lenken. Ein solch strukturiertes Gespräch folgt dann quasi den angepassten Abläufen eines Verkaufsgesprächs:

Am Anfang werden vor allem offene Fragen gestellt, um vom Gegenüber Informationen zu erhalten. In dieser Phase schätzen es Mitarbeiter, dass Sie zum Beispiel nach ihren Erfahrungen zu einem bestimmten Thema gefragt werden. Gerade wenn der Chef dies fragt, schmeichelt dies vielen Menschen sehr und sie geben gerne Auskunft. Mit Kontrollfragen und Rückfragen werden vertiefte Informationen erfragt. Je nach Ziel des Gesprächs werden gegen Ende vermehrt geschlossene Fragen gestellt und so in die Richtung einer (gewünschten) Entscheidung oder Aussage gelenkt. Dass sich auch Suggestiv-Fragen „einschleichen" mag niemanden wirklich überraschen. Doch Vorsicht: Auch wenn es immer wieder erstaunt, wie oft sogar geschulte Menschen im ersten Moment Suggestiv-Fragen nicht als solche erkennen, kann der Schuss trotzdem nach hinten losgehen. Spätestens dann, wenn der Mitarbeiter sich im Rückblick bewusst wird, dass er eben mit Suggestiv-Fragen in eine von Ihnen gewünschte Richtung (oder noch schlimmer – zu einer gewünschten Aussage) gelenkt wurde.

3.2 „Reden ist Silber, Hören ist Gold"

Wer Menschen etwas verkaufen will, muss deren Wünsche und Bedürfnisse kennen. Erfolgreiche Verkäufer hören genau zu, was das Gegenüber sagt, bevor sie selbst sprechen. Sie achten dabei sowohl darauf, was gesagt wird, wie auch darauf, *wie* es gesagt wird. Gerade in unserer hektischen Zeit schätzen es viele Menschen, wenn ihnen jemand wirklich, geduldig und aufrichtig zuhört. Und hier trennt sich auch die Spreu vom Weizen zwischen Verkäufern und Top-Verkäufern. Viele Verkäufer glauben zwar zuzuhören, aber wenn man sie nach einem Gespräch bittet, das Gesagte des Kunden zu wiederholen, scheitern sie teilweise dramatisch und dies trotz schriftlicher Notizen. Aus meiner Erfahrung hat dies in den meisten Fällen zwei Ursachen: Einerseits mit der Angst des Verkäufers vor den vermeintlich unangenehmen Aussagen des Gegenübers. Andererseits auch damit, dass der Verkäufer bereits innerlich Aussagen und Antworten formuliert, noch bevor der Kunde überhaupt ausgeredet hat. Wenden wir uns diesen beiden Hemmschwellen etwas genauer zu:

Angst vor unangenehmen Aussagen und Antworten sind durchaus nachvollziehbar. Gerade Verkäufer, die unter Druck stehen, wollen keine unangenehmen Rückmeldungen ihrer Kunden hören. Sie sind so auf den Abschluss konzentriert, dass sie alles überhören, was ihnen nicht in den Kram passt. Wie der ungeduldige Vater oder die Mutter, welche die Kinder am Frühstücktisch zur Eile drängt und kein offenes Ohr dafür hat, dass die Kinder noch ihr Game auf dem Smartphone fertig spielen wollen, machen diese Verkäufer Druck und lassen keine unangenehmen Antworten zu. Dabei verdrängen sie allerdings, dass sie es hier mit erwachsenen Menschen zu tun haben, von deren Entscheidung sie abhängig sind.

Zuhören hat ja auch viel mit Wertschätzung für das Gegenüber zu tun und damit geht es letztendlich um den Aufbau von Vertrauen. Die meisten Menschen schätzen es weit mehr, dass ihnen jemand aufrichtig zuhört, statt selbst ununterbrochen zu reden. Auch im beruflichen Umfeld sind viele froh, dass sie sich mit jemanden austauschen können, und wenn es nur der Top-Verkäufer des Lieferanten ist. Ich habe bei Besuchsbegleitungen mit Top-Verkäufern bei Kunden wiederholt erlebt, dass sich diese für die „professionelle Beratung" bedankt haben, obwohl der Top-Verkäufer nur ca. 20 % gesprochen hat (und davon weniger als 10 % vom Produkt). Der Rest war aktives Zuhören. Nicht dass jetzt Missverständnisse aufkommen: Durch reines Zuhören wurde noch selten ein Deal abgeschlossen. Zur positiven Vorbereitung aber hat diese Fähigkeit schon mehr als einmal maßgeblich beigetragen.

Ein aus meiner Sicht ebenfalls entscheidender Faktor, welcher das aktive Zuhören so wertvoll macht, ist die Tatsache, dass niemand gerne etwas verkauft bekommt, sondern quasi aus freiem Willen kaufen will. Durch das Zuhören wird neben Vertrauen auch das Gefühl beim Kunden gestärkt, immer die Kontrolle zu haben. Natürlich ist gerade durch das aktive Zuhören oft das Gegenteil der Fall. Der Zuhörer bringt das Gegenüber dazu, ihm Informationen zu geben, welcher er im weiteren Verlauf der Verhandlung für seine Ziele einsetzen kann. Aktives Zuhören ist im Verkauf also mehr als reine Menschenliebe.

Top-Verkäufer üben das Zuhören, wo immer sie können. Ob bei Kunden, in der Firma oder im Privatleben; sie stellen alle ihre Sinne auf Empfang. Der Ausdruck „alle Sinne" ist dabei durchaus wörtlich gemeint. Neben den Ohren sind nämlich auch die Augen beteiligt. Diese achten auf die Körperhaltung des Gegenübers. Sie registrieren, ob die Gestik, Mimik und Haltung mit dem gesprochenen Wort übereinstimmen. Um diese „Fähigkeit" zu erlangen, braucht es im Grunde genommen gar nicht viel Übung. Es bedarf vielmehr der uneingeschränkten Aufmerksamkeit auf das Gegenüber. Ohne hier in ein Klischee verfallen zu wollen, habe ich persönlich festgestellt, dass Frauen diese Fähigkeit meist weitaus besser als die Herren der Schöpfung beherrschen. Viele Frauen registrieren instinktiv subtile Unstimmigkeiten zwischen dem gesprochenen Wort und der Körpersprache des Gegenübers und machen sich so ein Bild. Gottseidank sei allen männlichen Lesern gesagt, dass Sie das auch können. Allerdings müssen die meisten dafür bewusst üben und damit auch ihren Gefühlen vertrauen. Top-Verkäufer nutzen daher möglichst viel Zeit im Gespräch, um beim Zuhören das Verhalten des Gegenübers zu beobachten. Sind beispielsweise mehrere Personen des Unternehmens des Top-Verkäufers bei einem Kundengespräch anwesend und haben diese einen Part zu erfüllen, nutzt der Top-Verkäufer dies, um die Teilnehmer auf Kundenseite zu beobachten und deren Reaktionen und Aussagen zu deuten.

Der Umgang als Führungskraft mit der Fähigkeit zum aktiven Zuhören

Hören Sie zu, wie Ihre Top-Verkäufer zuhören. Wenn Sie diese auf Kundenbesuchen begleiten, achten Sie genau darauf, wie Ihr Top-Verkäufer dem Kunden seine volle Aufmerksamkeit schenkt. Was tut er, um dem Gesprächspartner zu signalisieren, dass er ihm zuhört und es ihn interessiert, was der Kunde zu sagen hat? Was für akustische Signale gibt er? Was macht er mit den Augen, dem Kopf und dem Körper? Vertrauen beim Zuhörer entsteht vielfach – gerade in unserer lauten Zeit – nicht durch eigenes Reden, sondern eben durch aktives Zuhören. Dies können Sie in der Führungstätigkeit genauso wie im Kundengespräch nutzen. Hören Sie Ihren Mitarbeitern zu, und zwar ernsthaft und mit allen Sinnen. Wer hier glaubt, bereits perfekt zu sein – Gratulation. Wer sich hingegen bewusst ist, dass er ab und an beim Zuhören abgelenkt wird und geistig bereits beim nächsten Thema ist, sollte das üben. Es gibt verschiedene Achtsamkeitsübungen dazu. Mein wichtigster Tipp: Schweigen Sie einfach und lassen das Gegenüber reden. Gerade den Machtmenschen unter uns fällt dies oft erstaunlich schwer. Spätestens nach dem zweiten Satz des Gegenübers geben sie ihren Senf unwillkürlich wieder dazu. Doch warum eigentlich? Wer ständig spricht, zeigt doch nur, dass er eben nicht zuhören kann oder will. Doch was geschieht bei einem Kunden oder einem Mitarbeiter, welcher das Gefühl erhält, dass Sie ihm nicht zuhören wollen? Da nützen die ganze wortgewandte Kommunikation und das tolle Angebot nichts mehr – der Kredit ist leichtfertig verspielt. In dasselbe Kapitel gehören Belehrungen aller Art: Wer sich nach der Aussage des Gegenübers wie ein Oberlehrer verhält, wirkt gerade in der heutigen Zeit reichlich fehl am Platz. Auch die junge Generation schätzt es nicht, ungefragt mit unseren Lebensweisheiten traktiert zu werden. Vielmehr sind auch junge Mitarbeiter froh, wenn ihnen der Chef einfach mal zuerst zuhört und sie sich einbringen können.

Im Laufe des Zuhörens kann es bei Ihrem Gesprächspartner durchaus mal einen Moment der Pause geben. Lassen Sie diesen Moment zu und halten Sie dabei den Blickkontakt aufrecht. Sie können dem Gegenüber auch mit einem „Ja" oder „mmh" subtil zu verstehen geben, dass Sie noch zuhören und auf sein Weitersprechen warten. Tönt banal? Die Mehrzahl aller Mitarbeiter in Unternehmen beklagen, dass ihnen die Vorgesetzten nicht zuhören! Und vielleicht mögen Sie sich auch noch an einen ehemaligen Chef erinnern, der sich selber gerne reden hörte aber partout nicht zuhören wollte? Vorgesetzte können also auch hier von ihren Top-Verkäufern oftmals einiges lernen.

3.3 „Vorbereitung ist die halbe Miete"

Dieser Leitspruch gilt im Verkauf ganz besonders. Es gewinnt nicht die Partei mit den rationalsten Argumenten, sondern diejenige, die sich besser auf die Verhandlung und die entsprechenden Gesprächspartner vorbereitet hat. Viele Verkäufer sind allerdings vielfach erstaunlich schlecht oder gar nicht vorbereitet, wenn sie in eine Verhandlung gehen. Viele Verkäufer (aber auch Führungskräfte) verstehen unter Vorbereitung die Erstellung einer Powerpoint-Präsentation. Diese artet nicht selten in richtige Folienschlachten aus, vor allem, wenn mehrere Alphatiere unbedingt auch noch ihren Senf dazu geben wollen. Ich war schon in Jahresgesprächen, in welchen der Lieferant sage und schreibe 60 Folien gezeigt hat. Gott sei Dank setzt sich vermehrt die Erkenntnis durch, dass Powerpoint zwar durchaus ein gutes Hilfsmittel darstellt, aber eben nur in verdaulichen Maßen eingesetzt gehört. Allerdings gehört zur professionellen Vorbereitung noch weit mehr:

Zuoberst sollten die eigenen gesteckten Ziele stehen. Was wollen wir erreichen? Was ist das Maximum-Ziel, also dasjenige Ziel, welches wir als Ideal-Ergebnis anstreben? Welches ist das Minimum-Ziel, also jenes Ziel, ohne dessen Erreichung wir die Verhandlung nicht verlassen? Was ist unsere Basis und womit wollen wir die Verhandlung gewinnen?

Jetzt geht es darum, die Perspektive der Gegenseite einzunehmen. Welches sind die Ziele der anderen Partei? Wo stimmen unsere Ziele mit deren Zielen überein und wo nicht? Mit welchen Einwänden von der Gegenseite ist zu rechnen? Wie wollen wir argumentieren und überzeugen?

Nebst diesen taktischen Überlegungen gehört im Vorfeld einer Verhandlung auch die Recherche dazu. Wer Informationen über Personen der Gegenpartei sucht, wird oft im Netz fündig.

3.3.1 Social Media

Gerade das Internet bietet hervorragende Möglichkeiten, um im Vorfeld gezielt sowohl an Informationen über Unternehmen und Ansprechpartner zu gelangen und bestehende Kunden zu pflegen. In virtuellen Business-Netzwerken finden sich oft Informationen über Personen, welche sonst nirgends ersichtlich sind und bisher kein Adressbroker liefern kann. Zudem verknüpfen sich Top-Verkäufer in diesen Portalen gezielt mit bestehenden und potentiellen Ansprechpersonen. Damit sind Sie immer auf dem aktuellen Stand, sobald einer dieser Personen beispielsweise einen Post veröffentlicht oder die Funktion wechselt.

Erstaunlicherweise nutzen wenig Verkäufer im deutschsprachigen Raum Social Media gezielt und strategisch für die Kundenakquise und deren -pflege. Ganz im Gegensatz zu ihren angelsächsischen Kollegen, die Social Media als festen Bestandteil in der Kommunikation mit Kunden nutzen. In der Schweiz und in Deutschland ist diese Form der Kundenansprache und Bindung noch nicht wirklich angekommen. Dies wird sich aber in den nächsten Jahren ändern müssen, da gerade die Kunden virtuell in diesen Plattformen aktiv sind und oft im Vorfeld eines ersten persönlichen Kontakts oder im Rahmen von Verhandlungen Informationen über Lieferanten und Ansprechpersonen abholen. Der damit verbundene Informationsvorsprung kann durchaus relevante Vorteile in Verhandlungen darstellen.

3.3.2 Webseiten und Newsletter

Neben der Webseite von Kunden, welche vielfach Informationen über Positionierung, Werte und Ansprechpartner enthalten, sind auch deren Newsletter interessant. Top-Verkäufer haben die Newsletter aller ihrer bestehenden und potentiellen Kunden abonniert und erhalten so aktuelle Informationen, welche sie geschickt in die Vorbereitung einfließen lassen. Veröffentlicht ein Kunde beispielsweise die Mitteilung, dass in einen bestimmten Produktionsbereich aus strategischen Gründen investiert wird, kann dies für einen Zulieferer durchaus ein interessanter Aufhänger für den Kontakt mit diesem Kunden sein, um seine Dienste anzubieten.

3.3.3   Wirtschafts-Informationen

Informationen zur Kursentwicklung eines börsenkotierten Geschäftspartners sind natürlich immer interessant. Daneben bieten spezialisierte Unternehmen Informationen über konzernübergreifende Verbindungen auf Stufe von Verwaltungsräten an. Daraus sieht man, wie und wo Verwaltungsräte mit anderen Unternehmen verbunden sind. Diese Hintergrundinformationen können besonders dann hilfreich sein, wenn dabei beispielsweise festgestellt wird, dass ein Verwaltungsratsmitglied der anderen Partei auch für ein Unternehmen tätig ist, welches bereits Geschäftsbeziehungen mit uns pflegt.

3.3.4 Persönliche Kontakte

Der Top-Verkäufer nutzt seine vielen Kontakte auch in der Vorbereitung. Sieht er, dass eine bestehende Kontaktperson, mit welcher er ein echtes Vertrauensverhältnis hat, bereits mit einem potentiellen Kunden im Geschäft ist, wird er diesen geschickt nach seinen persönlichen Erfahrungen fragen. Neben den eigenen Kontakten hört sich der Top-Verkäufer auch bei seinen Arbeitskollegen um. Wer kennt jemanden aus dem Unternehmen des Kunden? Welche Informationen sind auf diesem Wege zu beschaffen? Kennt ein eigener Verwaltungsrat den Kollegen auf Seite des Kunden und falls ja, wie könnte er auf diesen Einfluss nehmen?

3.3.5   CRM

Eines der von Verkäufern meistgehassten Arbeitsmittel ist das CRM. Gehasst deshalb, weil es nach einer strukturierten und regelmäßigen Dateneingabe verlangt. Gehasst auch, weil hier ein Wissen preisgegeben wird, welches der Verkäufer als sein persönliches „Aktiv-Konto" betrachtet – und das er lieber für sich behält. Entsprechend wird am CRM herumgenörgelt und langatmig erklärt, dass es eben für die eigene Arbeit ungeeignet sei und man sich endlich ein System wünsche, dass 100 % funktioniere. Der Top-Verkäufer beteiligt sich nicht an solchen Diskussionen: Er gibt Inputs zu allfälligen Verbesserungen, wenn er danach gefragt wird. Ansonsten arbeitet er mit dem vorhandenen CRM und reizt dieses in all seinen Möglichkeiten voll aus. Er ist sich bewusst, dass die hier abgelegten Informationen eine wichtige Informationsquelle darstellen, um Kunden zu beobachten und zu entwickeln. Er erfasst Kundenorganigramme und Hintergrundinformationen über Ansprechpartner und deren Einfluss in Entscheidungsprozessen. Buying-Center-Strukturen werden ebenso erfasst, wie Geburtstage von Ansprechpersonen. Zum Zeitpunkt einer Verhandlung verfügt der Top-Verkäufer dank dem CRM über fundierte und umfassende Informationen.

Spätestens hier wird klar, dass der Top-Verkäufer auch in der Vorbereitung der zentrale Dreh- und Angelpunkt ist. Er koordiniert, er sammelt und bewertet die verschiedenen Informationen bereits im Vorfeld der Verhandlungen.

3.3.6 Der Umgang als Führungskraft mit dem Thema Vorbereitung

Als Führungskraft sollte Ihnen dieses Thema aus den eigenen Meetings bestens vertraut sein. Auch auf der Ebene des Verkaufs gilt es, hier klare Strukturen und Regeln zu definieren: Welche Daten werden wie erfasst? Was gehört in eine strukturierte Vorbereitung für einen Kundenbesuch und in eine Verhandlung? Hier kann der Top-Verkäufer im Vorfeld durchaus wertvolle Inputs leisten. Sind Sie als Führungskraft selbst mit Kunden im direkten Kontakt, erfassen Sie diese Informationen ebenfalls strukturiert und geben Sie diese an Ihr Sales-Team weiter. Unterstützen Sie Ihre Verkäufer in der Vorbereitung auf wichtige Verhandlungen, indem Sie selber prüfen, ob Sie jemanden auf der Seite der Gegenpartei bereits kennen. Aber bitte: Handeln Sie nicht in vorauseilendem Eifer, indem Sie diese Bekannten kontaktieren, ohne den verantwortlichen Verkäufer vorher zumindest informiert zu haben. Geben Sie erhaltene Informationen an den Verkäufer weiter. Falls es die Informationen erlauben, tragen Sie diese gleich auch selbst im CRM ein. Damit kommen Sie mit dem Tool Ihrer Verkäufer gleich selbst in Kontakt und sind auch hier ein lobenswertes Vorbild.

3.4 „Ablehnung ist Teil des Spiels"

Niemand erfährt gerne Ablehnung – auch erfolgreiche Verkäufer nicht. Sie haben jedoch gelernt, Ablehnung als Teil des Verkaufsprozesses zu verstehen und nicht als einen gegen ihre Person gerichteten Angriff. Dabei fängt für diese Top-Verkäufer der Verkauf erst bei einem „Nein" des Gegenübers so richtig an; und dies aber nur, falls es sich auch lohnt. Wie ist dies zu verstehen?

Viele Verkäufer geben nach dem ersten Nein auf und schreiben den Interessenten einfach ab. Andere wiederum „reiten ein totes Pferd", bis es stinkt, ohne es zu merken. Beides hat mit ungenügender Qualifizierung zu tun. Top-Verkäufer qualifizieren Interessenten und Kunden und zwar ohne Scheuklappen. Sie erkennen, ob der Kunde wirklich zu ihren Leistungen und der eigenen Positionierung passt. Falls dies der Fall ist, lässt der Top-Verkäufer nicht locker, sondern bearbeitet den Kunden konsequent und professionell. Wenn er einen Auftrag nicht erhält, und überzeugt ist, dass er diesem Kunden einen echten Mehrwert bieten kann, wird er den Kontakt nicht abreißen lassen. Er sucht unaufdringlich aber regelmäßig den Kontakt und bleibt so im Kopf des potentiellen Kunden präsent. Mit dem Abschluss hat er keine kurzfristige Eile, sondern sucht stattdessen nach Wegen und Opportunitäten, um im richtigen Moment zur Stelle zu sein und dann das Geschäft mit aller Kraft voranzutreiben.

Wo er auf offene Ablehnung stößt, wendet er wiederum die beschriebene Analyse an und handelt dementsprechend. Bei einem potentiellen Kunden nimmt er diese Ablehnung nicht persönlich, sondern als Herausforderung, sein Angebot und die Vorgehensweise für die Zukunft anzupassen. Dies kann auch beinhalten, dass er den Account abgibt, wenn er feststellt, dass sich die Ablehnung „nur" auf seine Person bezieht. Er ist sich dabei bewusst, dass sich der Zugang auf der menschlichen Ebene bei einem Gegenüber auch mit den besten Verkaufstechniken der Welt nicht erzwingen lässt. Hier stellt er nicht sein Ego sondern das Ziel des Unternehmens in den Vordergrund und gibt den Account lieber ab, bevor dieser vollständig verloren geht. Nicht das ihm dies leichtfallen würde. Auch ein Top-Verkäufer hat seinen Stolz und Ablehnung ist ein hartes Stück davon. Den Unterschied macht aus, dass er versucht, daraus zu lernen und dies gelingt ihm in der Regel auch. Damit ist er zumindest um eine Erfahrung im zwischenmenschlichen Umgang reicher.

Dort wo er erkennt, dass der Interessent auch in Zukunft nicht zu seinem Angebot passt und er diesem keinen Mehrwert zu bieten hat, bricht er ab und geht dafür auf die Suche nach jenen Interessenten, die seine Leistungen zu schätzen wissen. Das mag in der Theorie einfach (vielleicht für einige zu einfach) tönen, ist aber in Tat und Wahrheit ein laufender Prozess, welcher dem Top-Verkäufer ein hohes Maß an Eigenverantwortung und unternehmerischem Denken abverlangt. Aus meiner Erfahrung sind nur die absoluten Top-Verkäufer dazu fähig und auch diese verfallen manchmal in unrealistisches „Wunschdenken." Es gelingt ihnen aber, im richtigen Moment auf den Boden der Tatsachen zurück zu kommen und mit den Erfahrungen aus solchen Situationen wieder nach vorne zu blicken. Dabei verdrängen sie die Erfahrungen nicht einfach, sondern geben diesen einen anderen Rahmen. Sie distanzieren sich innerlich von denjenigen Erlebnissen, welche sie in diesem Moment getroffen und verletzt haben. Sie gehen dabei innerlich einen Schritt zurück und betrachten die Situation aus einem anderen Blickwinkel. Diesmal als Zuschauer und nicht als Beteiligter. Ein Top-Verkäufer erzählte mir, dass er sich vorstellt, dass er Situationen auf seinem Fernsehschirm betrachtet. Wird es ihm zu viel, wechselt er das Programm, bis er einen Inhalt gefunden hat, der ihm besser gefällt. Falls dies nicht gelingt, kann er immer noch die Austaste seines Fernsehers drücken! Erstaunlich und etwas gewöhnungsbedürftig, aber auf jeden Fall besser, als zu Alkohol oder anderen Drogen zu greifen, korrekt? Es gibt genug Verkäufer, welche mit exzessivem Verhalten versuchen, dem enormen Druck zu entfliehen.

Top-Verkäufer wenden die beschriebenen Strategien und Methoden an, um auch langfristig gesund und erfolgreich zu bleiben. Eine davon ist der entspannte Umgang mit Ablehnung.

Der Umgang als Führungskraft mit dem Thema Ablehnung
Als Führungskraft muss man die Mechanismen und Formen der Ablehnung im Verkauf kennen. Erst dann können sie richtig eingeschätzt und eine Entscheidung getroffen werden. Ist ein Account von strategischer Bedeutung, verlangt dies logischerweise ein anderes Vorgehen als bei einem Interessenten, welcher nachweislich nicht zum eigenen Unternehmen passt. Der zweite Fall sollte bei richtiger Planung möglichst wenig eintreten, weil die Zielkunden bereits klar definiert sind. In der Praxis vermischen sich allerdings viel zu oft strategische Zielkunden mit „Nehmen wir auch"-Kunden. Dem ist grundsätzlich auch nichts entgegenzusetzen, solange diese Kategorie auch zu unserem Unternehmen passt. Die Frage, die sich viel zu wenig Unternehmer und Führungskräfte im Verkauf und Marketing stellen, ist, welches die idealen Zielkunden sind, die wirklich zu unserem Unternehmen passen. Es geht hier nicht um die Segmentierung nach soziodemographischen Merkmalen und/oder Branchen. Es geht vielmehr darum, mit welchen Herausforderungen diese Zielkunden konfrontiert sind und ob unsere Leistungen ihnen bei der Lösung dieselbe Unterstützung bieten, die sie auch zu bezahlen bereit sind. Diese Überlegungen sind je nach Branche nicht gleich dynamisch. Ein Anbieter mit einem Mono-Produkt im Baubereich hat ein recht klar eingegrenztes Zielsegment. In anderen Branchen ist das Feld weit offener und daher müssen sich solche Fragen auch weit häufiger gestellt werden. Erfahrungsgemäß wird dies spätestens dann aktuell, wenn ein Unternehmen in gewissen neuen Branchen wachsen will und die Verkäufer auf Akquise schickt. Falls auch Top-Verkäufer hier bei gewissen Kunden nicht weiterkommen, muss von der Führung neues Adressmaterial zur Verfügung gestellt werden. So verliert der Top-Verkäufer keine Zeit und kann sich in der Akquise auf neue Interessenten konzentrieren, welche besser zum Unternehmen passen.

3.5   „An Ziele glauben"

Erfolgreiche Verkäufer setzen sich nicht nur eigene und anspruchsvolle Ziele, sie glauben auch wirklich daran, diese zu erreichen. Dieser oft unerschütterliche Glaube hilft, auch mit kurzzeitigen Rückschlägen umzugehen und dort weiterzumachen, wo andere bereits aufgegeben haben (oftmals kurz vor dem Ziel!).

Einer der aus meiner Erfahrung größten Unterschiede zwischen Verkäufern und Top-Verkäufern besteht darin, dass sich Top-Verkäufer eigene Ziele setzen und auch daran glauben. 08/15-Verkäufer scheitern erfahrungsgemäß bereits am ersten Teil. Sie setzen sich überhaupt keine eigenen Ziele, sondern übernehmen die „von oben" gegebenen Vorgaben. Wenn ich diese Verkäufer jeweils nach ihren persönlichen Verkaufszielen frage, kommt in der Regel nur wenig; in vielen Fällen sogar rein gar nichts. Besonders tragisch finde ich persönlich diejenigen Verkäufer, welche die Vorgaben von oben für sich mit den Worten „ich will im nächsten Quartal mehr verkaufen" kommentieren. Das tönt wie der Schüler, der dem Lehrer gefallen will und den gepaukten Schulstoff mit eigenen Worten wiederholt, ohne auch nur einen Satz wirklich verstanden zu haben. Das ist natürlich kein reines Verkaufs-Phänomen, sondern trifft in Tat und Wahrheit auf einen Großteil der Mitarbeiter in Unternehmen zu. Im Verkauf ist es aber besonders verheerend, weil es darum geht, andere Menschen zu überzeugen. Und wenn ich mir keine eigenen Ziele gesetzt habe und daran glaube, wie will ich diese dann bitteschön erreichen? Von der Wahrheit dieser Aussage kann man sich auch als Außenstehender an jeder Messe selbst überzeugen. Da stehen Verkäufer gelangweilt an Hochglanz-Ständen herum, die Millionen gekostet haben. Wenn ein Interessent auf dem Stand erscheint, wird dieser dann gnädigerweise bedient. Aktives Ansprechen von Besuchern ist vielfach verpönt und wird dem „Neuen" überlassen. Dafür sitzt man dann stundenlang mit dem Bestandskunden am Tisch, obwohl dieser bekanntlich in den nächsten zwei Jahren keine neuen Projekte hat. Falls Ihnen diese Aussage zu hart vorkommt, bitte ich Sie, auf Ihrem nächsten Messebesuch mal ganz genau hinzusehen, wenn Sie durch die Stände flanieren. Top-Verkäufer setzten sich Ziele – jeden Tag. Sie definieren für sich, was sie wann und wie erreichen wollen. Danach planen sie die entsprechenden Maßnahmen und setzen diese konsequent um. Es gibt keinen Kundenbesuch, für welchen in der Vorbereitung kein Ziel festgesetzt wurde. Vielfach sind es nicht nur eines, sondern zwei oder gar drei Ziele. Dabei verfolgen diese Top-Verkäufer die Strategie, maximal alle drei aber zumindest eines der gesteckten Ziele zu erreichen. Dabei achten sie darauf, die Ziele immer mit klaren Ergebnissen messbar zu halten. Viele haben die bekannte SMART-Formel verinnerlicht: S = Spezifisch, M = Messbar, A = Angemessen, R = Realistisch, T = Terminiert. Andere definieren ihre Ziele mit Muss, Soll, Kann. Egal welche Methode die Top-Verkäufer bevorzugen, sie arbeiten somit immer zielorientiert. Immer so zu arbeiten, das heißt auch in jeder Situation beim internen oder externen Kundenkontakt. Egal ob es sich um ein Kundenevent, eine interne Produktepräsentation oder um eine Verhandlung handelt: Sie sind dank ihren gesteckten Zielen gut vorbereitet.

Ein positiver und nicht zu unterschätzender Effekt hat diese Vorgehensweise auch auf der Seite der Kunden. Diese wissen, dass der Top-Verkäufer immer mit klaren Besprechungspunkten zu Besuchen und Besprechungen erscheint. Damit demonstriert er Ernsthaftigkeit und Geschäftssinn und das macht ihn zu einem geachteten Ansprechpartner. Entsprechend wird sich auch das Gegenüber (spätestens beim zweiten Treffen) gut auf das Meeting vorbereiten und es wird über Geschäfte gesprochen statt über Belanglosigkeiten. An dieser Stelle noch ein Wort zum Thema Smalltalk: Ein kurzer Plausch zum Einstieg und vor der Verabschiedung in allen Ehren. Zu denken geben sollten allerdings Aussagen von vielen Kunden in Kundenservice-Studien. Diese geben an, dass ihnen viele Verkäufer bei Besuchen viel zu oft unnötig Zeit stehlen, ohne einen echten Mehrwert zu bieten. Gerade Account-Manager, welche Bestandskunden pflegen, sollte diese Aussage zu denken (und zu handeln) geben.

Interessant ist auch die Art und Weise, wie Top-Verkäufer mit vorgegebenen Unternehmenszielen und Vorgaben umgehen: Vorgegebene Verkaufsziele werden als Messlatte für die eigenen Ziele verwendet. Dass diese eigenen Ziele meist über den Vorgaben liegen, versteht sich von selbst. Sind die Vorgaben auch für den ehrgeizigen Top-Verkäufer auf den ersten Blick unerreichbar, wird er sich dagegen aussprechen, in der Praxis jedoch alles daransetzen, das Maximum zu erzielen. Er beteiligt sich nicht am Klagegeheul seiner Kollegen und leiht hier auch keinem sein Ohr – es macht für ihn einfach keinen Sinn, darüber zu lamentieren und damit Zeit zu verlieren. Er wird auch nicht nach dem ersten nicht erreichten Quartal gleich die Flinte ins Korn werfen. Allzulange sollte diese Durststrecke aber nicht dauern, sonst ist er plötzlich offen für das Geflüster der ihn umschwirrenden Headhunter, die nur auf ihre Gelegenheit warten.

3.5.1 Der Umgang als Führungskraft mit dem Thema Ziele

Der Umgang mit Zielen ist Führungspersonen im Verkauf natürlich bestens bekannt. Erstaunlicherweise vertrauen sehr viele und auch erfahrende Führungskräfte auf das reine „Top-Down"-Prinzip. Es werden Vorgaben von oben immer weiter nach unten heruntergebrochen. In den Zielvereinbarungsgesprächen werden diese dann mit den Verkäufern erörtert. An diesem Vorgehen ist grundsätzlich auch nichts Schlechtes. Nur vergessen die meisten Führungskräfte die Verkäufer aufzufordern, aus den Vorgaben eigene Ziele zu definieren. Denn nur wer Ziele als seine eigenen ansieht, wird auch alles daransetzen, diese zu erreichen. Es geht hier eben nicht um das Nachbeten der Vorgaben, sondern um Eigenverantwortung durch eigene quantitative Zielsetzungen. Wir sprechen hier also nicht nur von qualitativen Zielen, die oftmals wiederum dazu verwendet werden, um in Mitarbeitergesprächen eine flexible Verhandlungsmasse zu haben, sondern über klar messbare und meist monetäre Ziele. Fordern Sie dieses Denken in eigenen Zielen von Ihren Mitarbeitern ein. Anfangs sind meist gerade die langjährigen Verkäufer damit überfordert, wirklich eigene messbare Ziele zu definieren. Vermitteln Sie Ihren Verkäufern zuerst den Sinn, bevor Sie die Technik erklären. Sobald sich diese Denkhaltung bei Ihren Verkäufern etabliert hat, profitieren alle Beteiligten auf vielfältige Art und Weise; es gibt keine Kundenkontakte mehr ohne klare Zielsetzungen. Verkäufer erscheinen vorbereitet mit Zielen in internen Meetings und Besprechungen, Besuchsberichte enthalten Ziele und Ergebnisse statt Ausreden. Lange Rede, kurzer Sinn: Ihre Verkaufsabteilung wird um einiges fokussierter und effizienter. Dass der Weg dahin nicht nur gerade verläuft und es einige Zeit dauern wird, bis diese Arbeitsweise bei allen Verkäufern in Fleisch und Blut übergegangen ist, ist abzusehen. Die Lösung? Setzen Sie sich auch dafür Ziele und definieren Sie danach die notwendigen Maßnahmen zur Erreichung!

3.5.2 „Ich sehe es vor mir"

Eine Visualisierung des Zielzustands und des Ergebnisses hat eine große Kraft. Diese Technik ist schon uralt und eben gerade deshalb so wirksam, weil es eine bewährte Methode darstellt. Viele Top-Verkäufer haben klare Vorstellungen ihrer Ziele visualisiert. Einige erstellen Bilder-Collagen von Dingen, die sie sich leisten wollen, wenn sie ihre Ziele erreicht haben. Andere machen zum Beispiel eine Probefahrt im Auto ihrer Träume und prägen sich die Bilder und Gefühle hinter dem Lenkrad als Anker physisch ein. Ein befreundeter Pfarrer belächelte meine Sammlung von Bildern meiner Ziele einmal bei einem Besuch. „Eine stolze Sammlung von Götzen hast Du da" sagte er grinsend. Völlig Unrecht hatte er damit ja nicht, aber das musste ich ihm in diesem Moment nicht auf die Nase binden. Stattdessen erwiderte ich keck: „Klar, ich habe ja auch große Vorbilder."

Nichtsdestotrotz und egal ob Religion, NLP oder „The Secret", in einem sind sich alle einig: Es funktioniert. Wenn wir Ziele vor unserem inneren und äußeren Auge sehen, programmieren wir unser Innerstes darauf, diese zu erreichen. Wie gesagt, ist diese Technik uralt und äußerst wirkungsvoll.

Ein befreundeter Top-Verkäufer visualisierte vor zwei Jahren einen Tesla. Am Ende des ersten Jahres hat es mit dem Bonus knapp nicht gereicht. Vor einer Woche hat er die Bestellung aufgegeben. Natürlich klebte das Bild seines Traumwagens während der ganzen zwei Jahre auf dem Armaturenbrett seines bald alten Wagens. Es ist immer wieder erstaunlich, wie stark das eigene Unterbewusstsein auf die Erfüllung von Bildern zusteuert und die notwendigen Kräfte freisetzt.

Ein mir bekannter Top-Verkäufer sendet sich regelmäßig eine Postkarte an seine eigene Adresse. Darauf ist ein Bild eines seiner Wüsche abgebildet. Dafür verwendet er einen der unzähligen Online-Postkarten-Dienste, bei welchem jeder ein eigenes Wunschmotiv hochladen und als Postkarte versenden kann. Die Postkarten zieren nun einen beachtlichen Teil seiner Bürowand. Logischerweise wird er regelmäßig von Kollegen darauf angesprochen, sobald diese sein Büro betreten. Das, erklärt er lächelnd, bringe ihn immer wieder dazu, über seine Wünsche nachzudenken und auch, diese quasi öffentlich zu erklären. Damit setzt er sich (bewusst) einem gewissen Druck aus, da er von seinen Kollegen immer wieder gefragt wird, wo er in der Erreichung der Ziele steht. Ein „unter den Teppich kehren" gibt es so nicht, weil er ja unter Beobachtung steht!

Nur das Visualisieren alleine genügt natürlich noch nicht. Man muss auch ins aktive Tun kommen. Wer also nur darauf wartet, dass sich seine Ziele erfüllen, indem er auf ein Bild starrt, wird garantiert auch in ein paar Jahren noch dasselbe Motiv vor sich haben.

3.6 Verschiedene Themen rund um erfolgreiche Führung

3.6.1 Der Umgang als Führungskraft mit dem Thema Visualisierung

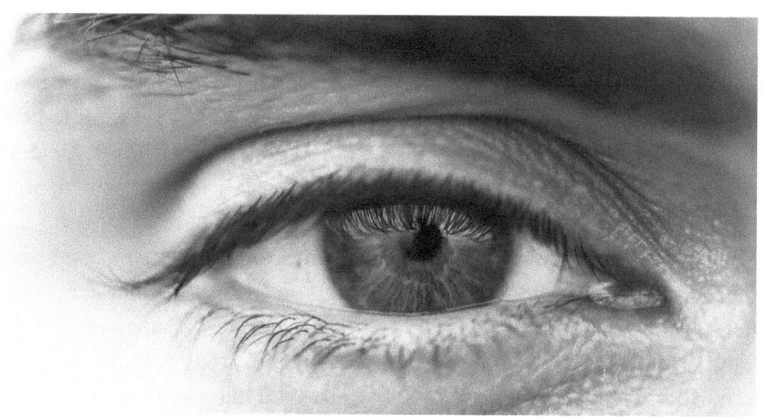

Vielleicht arbeiten Sie selbst schon mit Visualisierungstechniken. Dann kennen Sie die Kraft für sich selbst bereits. In der Führung wiederum besteht die Aufgabe, dieses Bild in den anderen zu erzeugen und zu entflammen. Sie ahnen es, es geht um die Art und Weise, wie Sie sprechen und präsentieren, egal ob an einzelne Personen oder gegenüber Gruppen. Wer hier einsteigen will, sei ein Workshop zum populären Thema „Story Telling" empfohlen. Beim Story Telling geht es um nichts Geringeres als um die Kunst des Geschichtenerzählens. Geschichten vermitteln eine Botschaft der Worte, welche Bilder in unseren Köpfen entstehen lassen. Diese Fähigkeit ist eine Kunst, die nur wenige Führungskräfte suchen oder gar beherrschen. Eigentlich erstaunlich, wenn man den Aspekt der Beeinflussung in der Führung berücksichtigt. Aber natürlich liegt es nicht nur an der

Führungsperson, Bilder in anderen zu erzeugen. Noch viel besser ist es, wenn diese Bilder von den betroffenen Mitarbeitern selbst kommen. Die Führungsperson kann hier den Mitarbeitern einen Anstoß geben. Vielleicht, indem sie Ihnen eine Geschichte über die Kraft der Bilder erzählt ...

„So tun als ob"
Viele Spitzenverkäufer berichten, dass sie sich jeweils vorstellen, die Ziele bereits erreicht zu haben. Sie stellen sich dabei die Gefühle lebhaft vor und tun so, als ob sie schon am Ziel wären. Diese innere Einstellung entfesselt viel Energie im Handeln und im Auftritt beim Kunden. Wir sind hier einerseits wieder beim Thema Bilder. Allerdings geht dieses „so tun als ob" viel weiter darüber hinaus. Hier geht es darum, die geistige Haltung einzunehmen, welche eigentlich erst entsteht, wenn das Ziel bereits erreicht ist. Dies hat sowohl mit verbaler wie mit non-verbaler Sprache zu tun. Wer seine Ziele erreicht hat, spricht viel gelassener als ein Verkäufer, der unbedingt noch einen Abschluss braucht. Er wirkt in seinem Auftritt viel entspannter und selbstsicherer. Dieses „so tun als ob" nenne ich „die körperliche Zeitreise". Aber keine Angst, es wird jetzt nicht esoterisch. Vielmehr sind viele seriöse Wissenschaftler heute davon überzeugt, dass diese Form der Selbsthypnose durchaus einen praktischen Sinn hat, um unproduktiven Stress zu vermeiden. „So tun als ob" ist im Verkauf meist eine Manifestation im Verhalten. Es geht also nicht darum, seinen Zielbonus zu verprassen, bevor er überhaupt auf dem Konto ist. Wer das tut, der ist ein Spieler und hat bald ernsthafte Probleme. Es geht um konzentrierte Gelassenheit, ohne das Ziel aus den Augen zu verlieren. Spätestens jetzt werden viele von Ihnen an erfolgreiche Sportler erinnert. Nicht nur Sportgrößen wie Roger Federer oder Sebastian Vettel arbeiten mit dieser Technik. Mittlerweile nutzen diese auch ambitionierte Semi-Profis und engagierte Hobby-Sportler mit großem Erfolg. Dabei erleben sie im Vorfeld nicht nur die Wettkämpfe, sondern eben auch ihre Siege mit Haut und Haar.

Top-Verkäufer, welche diese Technik einsetzen, berichten von erstaunlichen Leistungen auch unter enormen Stress-Situationen. Sie erzählen, wie sie trotz großem Druck der Kunden in den Verhandlungen ruhig und gelassen blieben, ohne ihre Ziele aus den Augen zu verlieren – und am Ende diese auch erreichten.

Natürlich ist diese Form der Selbsthypnose nicht für jeden geeignet. Einige werden es als esoterischen Blödsinn abtun, andere können mit der Vorstellung schlicht nichts anfangen. Das ist durchaus nachvollziehbar und absolut in Ordnung. Allerdings ist es schon erstaunlich, was auch im Verkauf mit Hypnose erreicht werden kann. Ein Bekannter von mir, Hanspeter Ricklin, ist Hypnosetherapeut und hat mit Verkäufern gearbeitet. Dabei ging es um die Angst vor der Kaltakquise am Telefon. Diese weitverbreitete „Verkäufer-Angst" ist aus meiner Sicht übrigens durchaus nachvollziehbar, da es um die unmittelbare Ablehnung geht. Die Ergebnisse von Hanspeter waren jedenfalls beeindruckend und viele Teilnehmer, welche vorher große Angst vor einem Anruf hatten, machten diesen mit erwartungsvoller Freude und ohne zu zögern. Für die Selbsthypnose muss man aber nicht zu einem Hypnotiseur, sondern kann diese einfach selbst durchführen. Ein Buchtipp dazu ist

Alexander Hartmanns „Mit dem Elefant durch die Wand". Dieses witzig und unterhaltsam geschriebene Buch gibt schnell anwendbare Tipps und Tricks auch für die Selbsthypnose.

3.6.2   Der Umgang als Führungskraft mit dem Thema Imagination

Von Albert Einstein stammt der berühmte Satz: „Imagination ist wichtiger als Wissen – sie ist ein wichtiger Faktor in der wissenschaftlichen Erkenntnisgewinnung". Vereinfacht ausgedrückt, übersetze ich das so: „Nur wer sich etwas vorstellen kann – kann es auch erschaffen." Natürlich kann man das Wort „erschaffen" auch durch „glauben" ersetzen, was in vielen religiösen Kontexten angewendet wurde und wird.

Diese Form der Einbildungskraft ist nicht jedem Menschen einfach gegeben und es gibt durchaus Top-Verkäufer, welche auch ohne diese hervorragende Ergebnisse erzielen.

Diejenigen Top-Verkäufer, welche eine Form der Imagination anwenden, berichten auf jeden Fall von positiven Ergebnissen.

3.6.3   „Ich bin ein Musketier"

Erfolgreiche Verkäufer haben den Sinn im Leitspruch „Einer für Alle, Alle für einen" verstanden. Sie haben erkannt, dass es gerade in unserer komplexen Zeit immer auch ein Team zum dauerhaften Erfolg braucht. Deshalb arbeiten sie partnerschaftlich mit dem Marketing, dem Innendienst, der Produktion usw. zusammen. Dabei behandeln sie diese internen Abteilungen und deren Mitarbeiter wie wichtige Kunden. Dadurch unterscheiden sich diese Top-Verkäufer von vielen Verkäufern, welche sich wie Dr. Jekyll und Mr.

Hyde aufführen. Beim Kunden immer freundlich und zuvorkommend, aber im eigenen Unternehmen kleine Tyrannen. Sie terrorisieren eigene Mitarbeiter anderer Abteilungen mit Sätzen wie „Ich bringe den Umsatz und jetzt brauch ich sofort …". Dass dieses Verhalten nicht auf Gegenliebe stößt, tun viele dieser eigenen Verkäufer-Spezies mit einem Achselzucken ab; es geht schließlich um den Kunden.

Top-Verkäufer funktionieren in dieser Hinsicht um 180 Grad anders. Es ist ihnen klar, dass gerade in Zeiten von Big Data ein Alleingang beim Kunden nur noch in Ausnahmefällen funktioniert.

Deshalb suchen und fördern sie die aktive Zusammenarbeit mit internen Abteilungen, insbesondere dem Marketing. Dies ist nur logisch, da sich die klassischen Grenzen zwischen Verkauf und Marketing aufzulösen beginnen. ICT-Tools wie Marketing-Automationen greifen tief in den Verkaufsprozess ein. Diese wiederum werden vom Marketing initialisiert und gesteuert. Die daraus generierten Informationen müssen ohne Verzögerung zum Verkauf gelangen. Ebenso ist die Rückmeldung des Verkaufs für die ständige Optimierung der Datenerhebung von entscheidender Bedeutung.

In Unternehmen, welche Nischen-Märkte mit hochspezialisierten Lösungen bearbeiten, ist diese Art der Zusammenarbeit seit jeher unverzichtbar. Relativ neu ist sie aber bei Unternehmen mit austauschbaren Produkten und Dienstleistungen und geringem Spezialisierungsgrad. Hier findet eine Transformation in der Zusammenarbeit von und mit dem Verkauf statt, welcher tiefgreifende Folgen auf die Arbeitsweise des Verkäufers hat. Top-Verkäufer sind für diese Veränderungen nicht nur bereit, sie fördern diese sogar aktiv.

Trotz dieser veränderten Bedingungen sind sich Top-Verkäufer aber immer ihrer persönlichen Rolle und Verantwortung im Verkaufsprozess bewusst. Sie wissen, dass sie als zentrale Schnittstelle zum Kunden großen Einfluss auf die Geschäftsbeziehungen ausüben. Das Delegieren von Verantwortung ist ihnen fremd und dadurch agieren sie als Lokomotive im Verkauf.

3.6.4 Der Umgang als Führungskraft mit dem Thema Zusammenarbeit

Ihre Vorbildfunktion als Führungskraft wird gerade im Thema Zusammenarbeit enorm benötigt. Wer hier versagt, indem er selbst nicht in der Lage ist, eine konstruktive Zusammenarbeit mit anderen Abteilungen zu pflegen, sendet definitiv die falschen Signale an seine Mitarbeiter. Konstruktive Zusammenarbeit ist leider gerade in größeren Unternehmen immer seltener anzutreffen. Durch den Wettbewerbsdruck und die politischen Ränkespiele auf den Chef-Etagen herrschen oftmals Zustände wie im Kalten Krieg zwischen ganzen Abteilungen. Und nicht selten werden diese Grabenkämpfe nicht nur von Chefs geduldet, sondern auch selber angezettelt. Dass in einem solchen Umfeld keine abteilungsübergreifende Zusammenarbeit möglich ist, scheint klar. Nichtsdestotrotz sollten Sie alles dafür tun, dass für den Absatzerfolg entscheidende Abteilungen wie Verkauf und Marketing eng zusammenarbeiten. Dies muss gleichzeitig auch von den eigenen Mitarbeitern gefordert werden. Es kann nicht angehen, dass in Zeiten verschärften globalen

Wettbewerbs und Big Data Zeit und Energie verloren gehen, nur weil die Schnittstellen nicht miteinander funktionieren wollen. Punkt.

3.6.5 „Mein Erfolgs-Netzwerk"

Spitzenverkäufer bauen sich ein breites Netzwerk in ausgewählten Kreisen auf. Sie engagieren sich darin gezielt und geben oft, bevor sie etwas zurückbekommen. Gleichzeitig achten sie sehr genau darauf, sich mit Leuten zu umgeben, die sie wirklich weiterbringen – ob als Geschäftspartner oder als Freunde.

Top-Verkäufer investieren Energie und Zeit in den Auf- und Ausbau ihrer Netzwerke. Sie wissen, dass gerade im digitalen Zeitalter persönliche Kontakte entscheidend sind. Diesen Umstand machen sie sich zunutze und pflegen ihre Kontakte regelmäßig. Dabei besuchen sie auch ausgewählte Business-Veranstaltungen und Branchenforen. Sie stellen dabei nie ungefragt ihre Leistungen in den Vordergrund, sondern vertrauen auf die Wirkung der Persönlichkeit. Gleichzeitig gehen sie mit ihrem Engagement und der investierten Zeit durchaus sehr ökonomisch um. Nach dem Motto „Klasse statt Masse" konzentrieren sie sich auf Veranstaltungen, die zu ihnen und ihren Zielen passen.

Top-Verkäufer sind auch beim Thema Netzwerk enorm kreativ. Einige mir bekannte Top-Verkäufer haben im eigenen Unternehmen einen Kreis von Personen aus verschiedenen Abteilungen um sich geschart. Diese Kompetenz-Gruppen tauschen sich in regelmäßigen Abständen zu Marktthemen und operativen Maßnahmen aus. Da sitzen dann jeweils der Produktmanager, der Produktionsleiter, der Logistikleiter und der Top-Verkäufer zusammen und beraten, wie beispielsweise gewisse Abläufe so optimiert werden können, dass sie sowohl dem eigenen Unternehmen als auch wichtigen Kunden Verbesserungen bringen.

Einer dieser Top-Verkäufer ging sogar noch einen Schritt weiter und erschuf ein Kunden-Netzwerk. Anfangs beinhaltete es alle Unternehmen, welche nicht in direktem Wettbewerb zueinanderstanden. Die Vertreter dieser Unternehmen trafen sich einmal im Quartal jeweils bei einem der Teilnehmer. Dabei tauschten sie sich über aktuelle Herausforderungen in ihren Märkten aus und gaben sich gegenseitig Tipps und Anregungen. Daraus entstand innerhalb kürzester Zeit ein eigenständiges Netzwerk. Mittlerweile ist das Netzwerk gewachsen und es sind Teilnehmer dazu gekommen, welche nicht mehr ausschließlich aus Kunden des Top-Verkäufers bestehen. Dabei haben sich auch die Themen und Inhalte der regelmäßigen Veranstaltungen verändert. Heute reichen diese von Vorträgen über Firmenbesichtigungen bis zum gemeinsamen Besuch kultureller Anlässe und Veranstaltungen.

Einer meiner Kunden, ein Verkaufsleiter eines ICT-Unternehmens, entdeckte anlässlich eines meiner Verkaufstrainings, dass er selbst als Absolvent einer Elite-Universität über ein enormes Netzwerk-Potential verfügte, von dem er bisher nicht wusste, dass es existierte. Indem er Mitglied der Alumni-Gruppe dieser Universität wurde, bekam er auf einen Schlag Zugang zu mehreren Tausend ehemaliger Absolventen. Viele davon treffen sich regelmäßig und diejenigen, welche an diesen Treffen nicht erscheinen, kann er mit dem Hinweis auf dieselbe Uni ohne Hürde kontaktieren. Seit jenem Verkaufstrainingstag hat er es nicht mehr nötig, klassische Kaltakquise zu betreiben.

Egal für welche Form des Netzwerkens sich Top-Verkäufer entscheiden: Das eigentliche Ziel dabei heißt Weiterempfehlung. In Zeiten, in welchen Angebote sich immer mehr angleichen und austauschbarer werden, wird die persönliche Empfehlung umso wertvoller. Top-Verkäufer wissen das und arbeiten gezielt daran. Dies gewichten sie durchaus höher als den kurzfristigen Umsatz, da ihnen klar ist, dass dieser Umsatz mit Empfehlungen eben langfristig sichergestellt wird.

3.6.6   Der Umgang als Führungskraft mit dem Thema Netzwerken

Wenn Sie selbst bereits über Erfahrung im Netzwerken verfügen, geben Sie dieses Wissen an Ihre Verkäufer weiter. Falls nicht, besprechen Sie sich mit einem Top-Verkäufer oder einem Bekannten aus Ihrer Branche und lassen Sie sich von ihm beraten. Konzentrieren Sie sich auf ein bis zwei Netzwerkgruppen (für mehr wird Ihnen wahrscheinlich sowieso die Zeit fehlen). Für die Vermittlung von Wissen an Verkäufer zum Thema Netzwerken benötigt es eine klare Strategie. Was soll erreicht werden? Wer soll wie und womit erreicht werden? Die klaren Anweisungen helfen dem Verkauf, sich hier auf die richtigen Netzwerke zu konzentrieren und das Verhalten so zu steuern, dass das Engagement zielgerichtet und koordiniert abläuft. Ebenfalls sollte der Erwartungshaltung im Thema Netzwerk große Beachtung geschenkt werden. Den Verkäufern muss klar sein, dass Netzwerken a) aus aktivem Austausch und nicht aggressivem Verkaufsverhalten besteht, b) langfristig statt kurzfristig wirkt und c) nie ein Ersatz für die eigentliche Verkaufsaufgabe darstellt. Gerade verkaufsschwache Verkäufer verstecken sich sonst hinter Netzwerk-Aktivitäten, anstatt ihrer Hauptaufgabe, dem Verkaufen, nachzugehen. Solchem Verhalten ist von Anfang an mit klaren Regeln der Riegel vor zu schieben. Dann kann das Unternehmen durchaus längerfristig von Netzwerken der Verkäufer profitieren.

3.6.7   „Ich bin ein Meister, der übt"

Gerade die erfolgreichsten Verkäufer bilden sich laufend weiter. Sie besuchen Verkaufstrainings und Seminare (oft auf eigene Kosten), weil sie wissen, dass Übung und Wissen den wahren Meister macht. Das bedeutet eine gesunde Balance zwischen dem Stolz auf die bisherigen Leistungen und Bescheidenheit. Gerade hier zeigen sich erneut die Parallelen zu wirklich erfolgreichen Sportlern. Wer einen Roger Federer bei seinen Interviews nach seinen Siegen beobachtet, erkennt, was hiermit gemeint ist. Trotzdem: Gerade weil Federer alles erreicht hat, was es zu erreichen gibt, übt er jeden Tag und hat Respekt vor den kommenden Herausforderungen und seinen Gegnern. Top-Verkäufer denken und handeln sehr ähnlich. Die bisherigen Leistungen geben ihnen ein gesundes Selbstvertrauen ohne Starallüren. Sie sind offen für Neues und noch wichtiger: Sie trainieren und verfeinern Tag für Tag, was sie bereits gut können. Dabei sind sie unendlich wissbegierig und saugen alles in sich auf, was sie weiterbringen könnte. Egal ob in Vorträgen, Seminaren, Podcasts oder Gesprächen: Sie hören zu, stellen Fragen und nehmen die Inhalte für sich mit, welche sie danach in der Praxis ausprobieren. Dieser Wissensdurst und das damit verbundene ständige Lernen verhindert Stillstand und Ermüdungserscheinungen. Denn diese

Top-Verkäufer wissen, dass Stillstand Rückschritt bedeutet und das lässt ihr Erfolgswille nicht zu.

Natürlich gilt der Wissensdurst nicht nur dem Thema Verkaufskunst sondern auch den Branchen-Fachkenntnissen und betriebswirtschaftlichen Inhalten. Der Top-Verkäufer ist sich hierbei bewusst, dass er nur dann überzeugen kann, wenn er auch inhaltlich 100 % topfit ist. Dabei versteht der Top-Verkäufer auch komplexe betriebswirtschaftliche Zusammenhänge. Damit ist er in der Lage, komplexe Sachverhalte fachlich korrekt und professionell zu vermitteln und auch anspruchsvolle Kunden auf allen Ebenen zu überzeugen und für sich zu gewinnen.

3.6.8   Der Umgang als Führungskraft mit dem Thema Lernen

Fördern Sie Ihre Verkäufer, indem Sie sie zur Weiterentwicklung auffordern und sie dabei unterstützen. Setzen Sie dafür mit jedem Verkäufer klare Ziele, wo und wie er sich im Verkauf weiterbilden will. Vertrauen Sie dabei nicht darauf, dass „alte Hasen" sowieso bereits schon alles wissen. Sie möchten ja auch keinen IT-Mitarbeiter, welcher auf dem Wissensstand von DOS aufgehört hat, sich weiterzubilden, oder? Fordern Sie von Ihren Verkäufern aber auch Ergebnisse und Erkenntnisse aus solchen Weiterbildungsmaßnahmen. Regelmäßige Reflexion und der aktive Austausch an Verkaufsmeetings sind ein guter Weg dazu. Was für Ihre Verkäufer gilt, sollten Sie selbst natürlich auch vorleben. Ruhen Sie sich nicht auf Ihrem Bachelor-Abschluss aus, sondern besuchen Sie jedes Jahr für ein paar Tage eine Weiterbildung. Das öffnet neue Horizonte und unterstützt Sie dabei, Ihren Verkauf mit Elan und frischen Ideen zu führen. Zudem professionalisieren Sie damit Ihren Verkauf und steigern die Kompetenz in der anspruchsvollen Kundenberatung.

3.6.9 „Be Different"

Das Gesetz erfolgreicher Marken wenden Top-Verkäufer für sich selbst an. Oder anders ausgedrückt; sie sind ihre eigene Marke. Dabei gehen sie in der Markenbildung sehr strategisch vor. Sie erarbeiten ihre Wunsch-Positionierung aufgrund ihrer Ziele und der Zielgruppen und kreieren daraus ihre Personality-Brand. Dazu gehören eine Vision genauso dazu wie Werte und Ziele. Manche Top-Verkäufer entwickeln eine eigene Corporate Identity inklusive persönlichem Leitbild. Dieses basiert sowohl auf ihren Zielen als auch auf ihrem ganz persönlichen Werdegang. Besondere Beachtung schenken sie dem Corporate Design – also der visuellen Erscheinung. Je nach gewünschter Positionierung bei der Zielgruppe versehen manche der Top-Verkäufer ihre Kleidung mit einem mehr oder weniger auffälligen Accessoires wie z. B. einem immer in gleicher Farbe gestaltetem Einstecktuch. Natürlich achten sie dabei sehr darauf, bei den Kunden nicht als geckenhaft zu erscheinen. Gleichzeitig geht es ihnen darum, auch optisch ein unverwechselbares Markenzeichen zu setzen, um so den Wiedererkennungswert beim Kunden zu steigern. Daneben steht auch die Sprache im Fokus der Markenbildung eines Top-Verkäufers. Er wählt sehr bewusst gewisse Redewendungen oder wiederholt immer wieder Kernaussagen, welche seine „Marke" unterstreichen. Mit allen seinen markenbildenden Maßnahmen konzentriert er sich vollständig auf die Mehrheit der Zielgruppen. Er ist sich gleichzeitig auch bewusst, dass mit einer klaren Positionierung auch eine gewisse Ablehnung von Einzelnen einhergeht. Denn wer sich positioniert, macht auch eine Aussage. Und wo eine Aussage ist, gibt es auch immer jemanden, der dieser widerspricht. Dieser Tatsache ist sich der Top-Verkäufer durchaus bewusst und nimmt dies in Kauf. Zu hoch gewichtet er die Vorteile einer unverwechselbaren Marke der eigenen Persönlichkeit gegenüber einem grauen Duckmäuser. Er weiß, dass er im Markt und bei den Kunden Eindruck hinterlassen muss, wenn er erfolgreich sein will und ist bereit, dafür den Preis zu bezahlen.

Damit unterscheidet er sich (auch hier) vom größten Teil der Verkäuferzunft. Diese lebt im Glauben, es jedem recht machen zu müssen und unterdrückt möglichst jede Form von Individualität. Top-Verkäufern wiederum sind Sprüche wie „Alle Menschen werden als Originale geboren, aber die meisten sterben als Kopie" ein Graus. Sie sind durchaus bereit, sich an Situationen anzupassen, nie aber als Persönlichkeiten.

3.6.10 Der Umgang als Führungskraft mit dem Thema Positionierung

Als Führungskraft im Verkauf sind Sie bestimmt mit der Bedeutung einer starken Marke vertraut. In der Mitarbeiterführung bedeutet dies zuallererst einmal, Menschen dazu zu ermuntern, sich mit dem Thema „Personality Branding" zu beschäftigen. Im Verkauf sollte dies in den meisten Fällen nicht allzu schwerfallen, da Verkäufer schon nahe am Thema sind. In einer Gruppe kann der Prozess auch auf Team-Ebene beginnen, indem Sie mit Ihren Verkäufern erarbeiten, wie die „Team-Marke" daherkommen soll. Diese Auseinandersetzung mit Werten, Positionierung und Zielgruppen kann auch viel zum Teamspirit beitragen. Daneben kann die Diskussion auch mal Knöpfe und Verhaltensmuster lösen oder zumindest hinterfragen. Eben gerade das Thema „Müssen wir es allen Kunden wirklich immer recht machen?", kann für viele Verkäufer schon eine enorme Befreiung sein. Daneben können klare Kernaussagen (wieder) erarbeitet und vertieft und damit der Auftritt bei den Kunden geschärft werden. Damit hat das Thema auch eine klare Relevanz und Wirkung auf den Erfolg Ihres Verkaufsteams.

3.7 Schlusswort

Erfolgreiche Verkäufer sind die Dirigenten eines Orchesters. Sie geben den Takt an, verpassen nie ihren Einsatz, hören gut zu, verstehen sich als Teil eines Teams und stehen selbstsicher und charismatisch im Rampenlicht. Sie meistern jede noch so herausfordernde Situation mit anderen Menschen mit Bravour. Wurden sie dazu geboren? Nein, sie trainieren nur härter als andere und leben dabei ihre Träume.

Als Führungskraft wiederum sind Sie gefordert, diese rare Spezies im Verkauf zu fördern und zu fordern. Dazu wünsche ich Ihnen von Herzen viel Erfolg und Freude.

4

Vertriebseffizienz – Sie haben nur die Möglichkeit, in einem einzigen Kontakt das Geschäft abzuschließen – oder auch nicht

Die Ausgangssituation: Angenommen, Sie hätten nur ein einziges Mal die Möglichkeit jemanden zu sprechen und müssen diesen Gesprächspartner mit diesem ersten Eindruck so für sich gewinnen, dass dieser unbedingt weiter mit Ihnen den Kontakt aufrechterhalten möchte. Sie haben nur diesen einen Versuch. Mehr nicht, diesen einen Versuch. Und für sie selbst ist dieser Kontakt in beruflicher Hinsicht ein Full House, wenn sie diesen Auftrag bekommen, dann könnten sie sich alle Ihre Wünsche, die gerade bei ihnen auf der Wunschliste stehen (materielle wie immaterielle), erfüllen. Und das nicht irgendwann, sondern sofort.

Eventuell ist die Situation etwas übertrieben, allerdings geht es hier um das Thema Vertriebseffizienz und das heißt, sie bekommen alles an die Hand, was benötigt wird, sozusagen bekommen sie einen Traumpass vor dem Tor so zugespielt, dass Sie das Tor auch garantiert machen. Sie bekommen diesen einen Traumpass direkt auf Ihren starken Fuß und ihr Schuss wird die Maschen des Auftragstores zum Tanzen bringen.

Viele Punkte, die angesprochen werden, werden sie schon gehört haben und sicherlich auch anwenden, denn Bücher wie diese lesen nur Verkäufer, die noch einen Tick besser werden wollen, das ist auch nicht entscheidend. Wie effizient Sie im Vertrieb sind oder sein möchten entscheidet einzig und allein, wie trainiert Sie sind. Wie hart Sie an sich arbeiten möchten und ob sie bereit sind, sich ständig weiter zu entwickeln. Denn ein „fertig – ich weiß schon alles" gibt es in der heutigen Zeit nicht. Wer das von sich denkt, der bleibt stehen und wird dann mit ansehen, wie die gegnerische Mannschaft die Tore macht.

Die gute Nachricht: Sie interessieren sie sich für Weiterbildung, sonst hätten sie ja gar nicht bis hierher gelesen. Sehr gut, denn genau das macht den Unterschied zu den vielen anderen Verkäufern aus. Alle, die sich nicht weiterbilden, werden es in den kommenden Jahren immer schwerer haben, sich in den agilen Märkten, die sich in fast alle Dimensionen neu justieren, zurecht zu finden oder den Anschluss an die aktuellen Entwicklungen und Veränderungen in den Verkaufsprozessen zu halten.

Zugegeben, es ist sehr selten der Fall, dass wir nur diesen einen Versuch haben, unseren potenziellen neuen Kunden für uns zu überzeugen. Dieser Anspruch soll uns dennoch

© Springer Fachmedien Wiesbaden GmbH 2017
D. Fürtbauer et al., *Chefsache Vertriebseffizienz*, DOI 10.1007/978-3-658-12446-5_4

komplett durch dieses Kapitel begleiten, weil sie durch diese Vorgehensweise mehr potenzielle und vor allem interessantere potenzielle Kunden gewinnen werden und zusätzlich
mehr Freiraum gewinnen, um sich anderen Dingen zu widmen, die ebenfalls sehr wichtig
sind. Dazu später mehr.

Natürlich gehört zu einer guten Kundenbeziehung Vertrauen. Und ein solides, gewach-
senes Vertrauen entsteht erst nach einer gewissen Zeit. Dennoch werden wir uns diesen
Bereich sehr genau ansehen, denn im Vorfeld können sie da ganz viel richtig machen, um
genau den Punkt Vertrauen als Verbündeten für ein hoch effizientes Vertriebsgespräch zu
haben.

4.1 Die Vorbereitung

Sind Sie sich sicher, dass dieser potenzielle Kunde, den sie da gerade unbedingt ansprechen und gewinnen wollen, Ihre Dienstleistung oder Ihr Produkt benötigt? Klären Sie das,
verschwenden Sie Ihre kostbare Zeit und vor allem die kostbare Zeit Ihrer potenziellen
Kunden nicht damit, dass diese gar keinen Vorteil davon haben, wenn diese mit Ihnen
arbeiten.

Wie ist das gemeint?
Fallbeispiel: Ein mittelständisches Unternehmen mit mehreren Standorten und unterschiedlichen Produkten, die an den jeweiligen Standorten produziert werden, hat eine der
bekanntesten Unternehmens-Beraterfirmen engagiert, um sich neu aufzustellen. In diesem
Unternehmen arbeitet allerdings nur eine produzierende Sparte produktiv, alle anderen
sind so bei einer schwarzen Null und andere Standorte schreiben rote Zahlen. Die anderen Produkte, die das Unternehmen produziert, halten sich irgendwie über Wasser oder
verursachen kleinere Verluste. Soweit die Kundenseite und die dortige Ausgangssituation.

Sie selbst sind ebenfalls Unternehmensberater und wissen genau was Sie tun. Im Prinzip können Sie auch fast alles genauso gut, was Ihre sehr gut bezahlten und manchmal mit
Neid betrachteten Kollegen von dieser großen Beratungsfirma können. Allerdings haben
die Kollegen der Beraterfirma ein Heer von Beratern, die ein Unternehmen stürmen wie
Club-Gäste an einem Sommermorgen die Liegen am Pool, bevor es zum Frühstück geht.

Aber Sie wollen ein Kuchenblech von der gesamten Umstrukturierung abhaben, ist ja
auch verständlich, wenn das Unternehmen schon einmal dabei ist Geld für externe Berater
auszugeben, dann würde sich das auf Ihrem Konto ebenfalls sehr gut machen und sie
wüssten auch schon, wohin Sie davon mit Ihrer neuen Freundin in den Urlaub fahren
würden. Sie haben ein klares Motiv, einen **Handlungsdruck**, warum Sie unbedingt diesen
Auftrag haben wollen. Natürlich kann Ihr Motiv auch ein anderes sein, wichtig ist nur,
dass Ihnen klar ist, dass Sie wie ein Jäger auf der Jagd, das Wild, das Ihnen vor die Flinte
kommt, um jeden Preis erlegen wollen. Regen, Kälte, Dunkelheit und matschige Wege
können Sie von diesem Ziel nicht abbringen. Sehr gut, denn so wie Sie ein Motiv zum

Handeln haben, muss Ihr potenzieller Kunde ebenfalls ein Motiv zum Handeln haben, um mit **Ihnen** zu arbeiten.

Erkenntnis: Ihr Kunde benötigt ein starkes Motiv, um mit Ihnen arbeiten zu wollen. Er muss einen Schmerz, Treiber, festen Willen haben, etwas verändern zu wollen. Ansonsten haben Sie eine sehr geringe Chance überhaupt aufs Spielfeld eingewechselt zu werden. Im übertragenen Sinne, Ihr Kunde hat einen Schmerz und Sie sind der absolut weltweit spezialisierte Arzt, der genau diesen Schmerz mit seiner einmaligen Behandlung beseitigen kann.

Jetzt kommen wir der Sache mit der Effizienz schon näher.

Erstens: Was bieten Sie diesem Unternehmen als völlig unbekannter Newcomer, den die bisher noch nicht kannten, was dieses Unternehmen unbedingt benötigt, wo Ihr Ansprechpartner im Unternehmen einen immensen Vorteil hat, den nur Sie lösen können? Da sind wir dann beim Punkt Ihrer ganz persönlichen Reputation. Was können Sie so richtig, richtig gut, dass selbst, wenn Sie nachts um zwei geweckt werden, Sie schlaftrunken aufstehen, das Zepter in die Hand nehmen und diesen Kunden zielsicher an sein gewünschtes Ziel navigieren?

Bleiben wir in unserem Beispiel, Sie sind Unternehmensberater. Als Berater haben Sie in fast allen Regionen Deutschlands ein sehr starkes Geschäftsnetzwerk. Sie können quasi in fast jeder wirtschaftlich relevanten Stadt einen vertrauensvollen Kontakt zu diversen möglichen Kundenunternehmen herstellen. Und der Vorteil, das sind keine flüchtigen Bekanntschaften aus dem Internet, die z. B. via Xing durch zweideutige Ansprachen gesammelt wurden, sondern Sie kennen die wirklich persönlich. Also echte, richtig gute, belastbare Kontakte, die ebenfalls dafür offen sind, Geschäfte mit anderen Unternehmen zu machen.

Bei vielen Unternehmen, die eine Struktur mit Standorten/Niederlassungen haben, gibt es das Problem, dass durch die Dezentralität oftmals die Niederlassungsleiter (können auch anders heißen) wechseln, oder von anderen Standorten kommen und in der Region keine geschäftlich relevanten Anknüpfungspunkte haben.

Umkehrschluss und Zusammenfassung der Parameter: Für Sie als Berater sind somit solche Unternehmen die ideale Beute. Denn Sie haben genau die Lösung, die diese Unternehmen für ihr eigenes Vertriebsnetz händeringend suchen.

Das Gute daran, es gibt derzeit, und das wird in den kommenden Jahre wohl auch so bleiben, immer mehr Unternehmen, die eine solche Niederlassungs-Struktur haben, sich in einem permanenten Wandlungsprozess befinden. Damit haben Sie als spezialisierter Berater für solch strukturierte Unternehmen, immer genügend potenzielle Kunden, die Sie ansprechen und akquirieren können. Außerdem sind diese Unternehmen darauf angewiesen, dass die Niederlassungen trotz Umbau weiter die guten Umsätze bringen, denn die teuren Umstrukturierungen lassen sich nur finanzieren, wenn die Basiseinnahmen weiterhin das Unternehmen mit frischem Kapital versorgen.

Also bieten Sie als unser Beispiel-Berater folgendes Produkt an: Sie machen die Niederlassungen von solchen Unternehmen vor Ort profitabel, trotz Unternehmensumbau = klarer Nutzen, für das Unternehmen. Das können Sie, denn Sie untermauern es dadurch, dass Sie Praktiker sind, das schon für x andere Unternehmen gemacht haben und mit einem Ergebnis von so und so viel xx% Steigerung oder zumindest Umsatzstabilisierung geglänzt haben und das obwohl sich das Unternehmen komplett umgebaut hat.

Aufgaben für Sie, die sich aus dem ersten Punkt ergeben:

Was ist Ihre absolute Spezialexpertise, die nur Sie können, die Sie ausmacht und in der Sie in der Champions League spielen?

_____

Wie muss das Ziel-Kunden-Unternehmen aussehen, damit es zu 100 % von Ihrer Spezialexpertise profitiert?

_____

Welche Ergebnisse haben Sie mit Ihrer Arbeit bisher erreicht? Klare, eventuell belegbare Zahlen:

_____ Umsatzsteigerung in

_____ % oder für

_____ (Menge) Unternehmen solche Projekte umgesetzt oder konnten sie durch Ihr Tun

_____._____ Euro einsparen.

Zweitens: Für welchen Ansprechpartner bei Ihrem potenziellen Kunden ist das überhaupt von Interesse? Welche Führungskräfte, die auch die Möglichkeit besitzen zu entscheiden, dass Sie in diesem Unternehmen zu Ihren gewünschten Konditionen arbeiten dürfen, sind für Sie die idealen Ansprechpartner?

Je nach Unternehmensgröße kann das sehr unterschiedlich sein. In den meisten Fällen ist es der derzeitige Vertriebsverantwortliche, der Geschäftsführer oder der Vorstand für den Bereich Vertrieb. Achten Sie streng darauf, dass derjenige die Macht hat, durch seine Unterschrift Ihren Auftrag zu aktivieren. Sonst könnten Sie unter Umständen Ihre kostbare Zeit mit dem falschen Ansprechpartner verschwenden. Passiert immer wieder, ist auch kein Problem, nur trainieren Sie Ihre Wahrnehmung darauf zu sensibilisieren, dass Sie mehr und mehr an die passenden, für Sie richtigen Ansprechpartner gelangen.

Noch ein Hinweis zu Unternehmen, die sich in Phasen der Veränderung befinden: In den meisten Unternehmen wechselt in einer solchen Phase der Verantwortliche für den Vertrieb relativ häufig und so schnell, dass manchmal die Firmenkommunikation nicht hinterher kommt. Hier bitte in Ihrem eigenen Interesse sehr gut recherchieren. So könnten Sie zum Beispiel einen Mitarbeiter aus dem Außendienst des Unternehmens fragen, wer der neue Vertriebsleiter ist. Die Verkäufer sind für solche Gespräche fast immer sehr offen und sie bekommen die gewünschten Informationen sehr schnell, da die Verkäufer ungern Verantwortung übernehmen wollen und sich selbst aktiv am Markt umsehen, wenn sich ein Unternehmen in einer solchen Veränderungs-Phase befindet.

Andere Informationen, wie zwölf Monate alte Pressemitteilungen, können dann schon hinfällig sein, ebenso Eintragungen in Xing und anderen Business-Netzwerken, denn die ehemaligen Vertriebsleiter bekommen oftmals weiterhin ihr Gehalt, sind jedoch nicht mehr in die operativen Prozesse eingebunden, und natürlich behalten diese aus verständlichen Gründen, bis zu einer neuen Anstellung, ihren ehemaligen Status in den Netzwerken aufrecht.

Machen Sie sich gründlich an die Arbeit und erhalten Sie Informationen, wer für Sie der wirklich passende Ansprechpartner ist und wie Ihr Ansprechpartner ganz genau heißt – und ja, viele denken jetzt – das mache ich doch immer so, was erzählt der mir denn hier – stellen Sie sich vor einen Spiegel und seien Sie ehrlich zu sich selbst, in den seltensten Fällen arbeiten Sie so sauber. Sonst wären alle Vertriebstrainer und Berater arbeitslos, sind diese aber nicht, im Gegenteil, davon sind ganz viele unterwegs.

Aufgabe aus dem zweiten Punkt:
Wer ist der 100 % passende Verantwortliche im Ziel-Kunden-Unternehmen für Sie?

Position _____

Vorname _____ Nachname _____

Drittens: Mit wem haben Sie es überhaupt zu tun und warum macht der den Job?
Sie wissen jetzt, wer Ihr Ansprechpartner ist. Dann bemühen Sie Ihre Lieblings-Internet-Suchmaschine und lassen sich den Ansprechpartner in all seinen Facetten beleuchten. Die Suchergebnisse werden immer präziser, da die analogen Führungskräfte so nach und nach in den Ruhestand gehen. Sie finden zum Beispiel Studienorte, Fotos von Zertifikatsübergaben, Porträtbilder Ihres neuen Ansprechpartners und vieles mehr.

In vielen Fällen finden Sie mittlerweile auch aktuelle Teilnehmerlisten von Veranstaltungen, an denen Ihr Ansprechpartner teilgenommen hat. Das ist klasse, denn so wissen Sie zusätzlich, welche aktuellen Themen diesen bewegen. Und das kann ein sehr interessanter Anknüpfungspunkt sein. Ein Baustein in Sachen Vertrauen. Und eventuell haben Sie sogar zu einem der anderen Ansprechpartner einen Kontakt und können diesen fragen, wie Sie am besten an Ihren Wunsch-Ansprechpartner heran kommen.

Ähnlich verhält es sich mit dem Werdegang, den Ihr Ansprechpartner auf Xing eingestellt hat. Es kann ja sein, dass Sie zwar zu unterschiedlichen Zeiten, aber trotzdem bei dem gleichen Unternehmen gearbeitet haben. Oder dass Sie Mitarbeiter von Unternehmen kennen, in denen Ihr Ansprechpartner gearbeitet hat. Die Wege in vielen Branchen sind oft sehr kurz, auch wenn die Branchen riesig scheinen, so kann es gut sein, dass auf Führungsebene, wenn Sie selbst sehr aufmerksam sind, Sie schnell einen guten Kontakt aufbauen können. Der Aspekt, gemeinsam bei einem Unternehmen, wenn auch zu unterschiedlichen Zeiten, gearbeitet zu haben oder gute Kontakte zu einem solchen zu haben, kann entscheidende Vorsprungs-Punkte in Sachen Vertrauen bedeuten.

Jeder hinterlässt heutzutage Spuren im Internet, manche mehr, andere weniger, machen Sie sich die Mühe, einige Minuten zu recherchieren, was Ihren Ansprechpartner bewegen kann, so dass Sie einen Schlüssel in die Hand bekommen, der Ihnen die Tür zu einem effektiven Gespräch öffnet.

Wenn Sie eine Liste von Ansprechpartnern und Unternehmen haben, für die Sie sehr gerne arbeiten möchten, so richten Sie sich bei einer großen internationalen Suchmaschine einen Informationsdienst dafür ein. Veröffentlicht das Unternehmen neue Informationen oder tauchen neue Pressemitteilungen oder andere Informationen im Internet auf, so bekommen Sie automatisch eine Mail mit dem Link zur gewünschten Nachricht.

Aufgaben für Sie: Welche möglichen Überschneidungen gibt es mit dem Wunsch-Ansprechpartner?

_____

(Ausbildung, Studium, Unternehmen, Kollegen, Branche, etc.)
Was ist, nach ihren Informationen, seine derzeit größte aktuelle Herausforderung?

_____

Erkenntnis: Formulieren sie Ihr Thema, dass die höchst mögliche Chance hat, um bei ihrem Ansprechpartner eine Resonanz für sie auszulösen:

_____

Viertens: Mentale und körperliche Fitness. Was tun Sie für Ihren Kopf? Und was tun Sie für Ihren Körper?

- Sie gehen jedes Jahr mindestens zu ein bis zwei Trainings, die Sie in Ihrem jeweiligen Beruf voran bringen?
- Sie gehen jedes Jahr zu mindestens einer entscheidenden überregionalen Netzwerkveranstaltung (Kongress, Messe, etc.) Ihrer Branche?
- Sie sind in mindestens einem, für Ihre Zielkunden entscheidenden fachspezifischen/regionalen/internationalen Netzwerk aktiv?
- Sie lesen mindestens eine Fachzeitung oder informieren sich regelmäßig über Neuigkeiten und Veränderungen Ihrer Branchen und Ihrer Zielunternehmen im Internet?
- Sie sind in den derzeitigen relevanten Netzwerken, wie Xing, LinkedIn und Facebook nicht nur Zuschauer, sondern fit und gehen damit täglich um (z. B. Recherche, beobachten aktuelle Trends, etc.), vernetzen sich mit Kollegen und Kunden, sowie potenziellen Kunden (weil Sie wissen wollen, welche Themen diese vorantreiben).
- Sie ernähren sich gesund, haben kaum Übergewicht und machen einen gesunden Eindruck, wenn Sie bei Ihren Kunden auftauchen?
- Sie rauchen nicht, oder zumindest ist Ihr Atem neutral (für den anderen), wenn Sie in einem Gespräch auftauchen?
- Sie machen regelmäßig Sport und Ihre Turnschuhe stehen nicht nur dekorativ im Flur, um die Gäste zu beeindrucken.

● Und Sie erzählen, auch mit einem übergewichtigen Bauch, Ihren Kunden nicht, was für ein toller Hecht Sie früher im Sport waren. Denn das nehmen diese Ihnen oft sehr schwer ab, gerade dann, wenn Sie mit einem gut trainierten Ansprechpartner sprechen.

Das sind einige Grundvoraussetzungen, um in der heutigen Zeit fit auf dem Punkt zu sein, wenn es um den Vertrieb geht. Und ich meine hier nicht von jedem etwas, sondern in allen Punkten erreichen Sie 8 bis 10 Punkte von 10 möglichen Punkten. Vielleicht schmunzeln Sie bei dem ein oder anderen Punkt oder Sie sagen sich, wann soll ich das alles machen, ich muss doch in meinem Vertriebsjob schon so richtig Gas geben und sehr viel Zeit investieren.

Ohne ein funktionierendes Netzwerk wird es in Zukunft immer schwerer sein an lukrative Aufträge zu kommen, denn Sie werden wesentlich effizienter, wenn Sie selbst agil sind und ein paar sehr gute Kontakte und Referenzen in Ihre potenziellen Zielgruppen-Branchen hinein haben. Selbst wenn Sie jetzt abwinken, wird es die nachrückenden Vertriebler nicht davon abhalten so zu handeln. Sie können sich selbstverständlich ganz bewusst dagegen entscheiden, die eventuell aufwendig erscheinenden Netzwerkaktivitäten zu machen. Sollten Sie allerdings noch 10 bis 15 Jahre Ihren heiß geliebten Job im Verkauf machen wollen, dann sollten Sie das Thema jetzt aktiv angehen oder sich schon einmal einen Rettungsanker für einen neuen Job besorgen.

Die Welt um uns herum wird immer vernetzter, darum sollten Sie wissen, was Ihre Kunden bewegt, wo diese derzeit ihre größten Probleme haben. Ihre Kunden erwarten das von Ihnen, das ist Basiswissen. Ohne dieses Wissen können Sie mit ihren Kunden kein Gespräch auf Augenhöhe führen. Sondern sie bleiben immer ein Dienstleister, der sich schnell einmal gegen einen anderen Dienstleiser austauschen lässt. Und sie haben einen anderen entscheidenden Vorteil, sie werden eher erkennen, wo der Schuh in der jeweiligen Branche so richtig drückt. Das heißt, ihr Spezialthema bekommen sie ganz simpel gesagt aus einer sehr aufmerksamkeitsintensiven Branchenbeobachtung, durch die Themen der Zeit werden sie immer mehr zum Spezialisten.

Ein Fallbeispiel: Vor einigen Jahren war es größtenteils im Anlagenbau weltweit fast so, dass Unternehmen, die Anlagen bauen, bei den Lieferanten Blindbestellungen vorgenommen haben, ohne zu wissen, ob das Material überhaupt zum Einsatz kommt. Die Lieferzeiten für Material waren so lang, dass die Anlagenbauer sich in jedem Fall die Optionen behalten wollten, im Fall der Fälle Material zu tauschen, was durch die Bestellungen möglich war. Jedoch ist in den letzten Jahren der gesamte Markt für die Investition in neue, große Anlagen so stark rückläufig wie seit Jahrzehnten nicht mehr, circa um 30 % ist der weltweite Markt zurückgegangen. Außerdem sind die Preise für Rohre und Kessel durch den Preisverfall des Stahls ebenfalls sehr stark gesunken. Hier kommen also zwei Komponenten zusammen, der Investitionsmarkt bricht ein, plus der Beschaffungsmarkt wird unattraktiv. Als gestandener Verkäufer kämpfen sie gegenüber den Kunden somit an drei Fronten, denn der Kunde weiß sich außerdem vor Angeboten ihrer Wettbewerber kaum noch zu retten.

Wie haben sie eine Chance aus dem Kreislauf, zumindest ansatzweise, auszubrechen?

Nur durch intensive persönliche Kontakte auf der einen Seite. Da sie schon immer gut im Verkauf waren, haben sie seit jeher alle ihre Kunden mit Respekt behandelt, natürlich, wenn diese ebenfalls respektvoll zu ihnen waren. Sie sind mit ihnen in Kontakt geblieben, haben sich regelmäßig gemeldet, hin und wieder einen Gefallen getan, den sie auch nicht jedes Mal in Rechnung gestellt haben. Außerdem haben sie sich mit allen, wenn auch flüchtigen Kontakten über Xing oder LinkedIn vernetzt, oder diese vollständig in ihrer aktuellen Kunden-Datenbank eingetragen. Denn genau diese Kontakte benötigen sie jetzt. Gerade wenn eine Branche sehr stark in eine Drucksituation kommt, sind das einzige, mit dem sie sich als Verkäufer aus einer solchen Situationsspirale halbwegs befreien können, ihre persönlichen, vertrauensvollen Kontakte.

Märkte drehen sich mittlerweile innerhalb von wenigen Wochen. Kontakte bauen sie ein Leben lang auf. Und bei guter Pflege halten die auch so lange.

Beachten Sie unter anderem, dass sie nicht nur Kontakte haben, mit denen sie sich in ihrer Altersgruppe bewegen. Bleiben sie jung und dynamisch im Kopf. Achten sie drauf, dass mindestens 30 % ihrer Kontakte 10 besser 20 Jahre jünger als sie sind. Gerade wenn sie es als Verkäufer mit größeren Unternehmen zu tun haben, kommt es oftmals vor, dass Mitarbeiter ab dem fünfzigsten Lebensjahr bei Umstrukturierungen sich entweder selbst neu orientieren, so attraktive Angebote von ihrem Arbeitgeber bekommen, dass diese sich unbedingt neu orientieren wollen, oder schlichtweg, kein Interesse mehr daran haben, ein Spielball von Umstrukturierungen zu sein. Sie als Verkäufer möchten diese Unternehmen allerdings weiter zu ihren Kunden zählen? Dann sichern sie sich in die jüngeren Jahrgänge hin ab.

An den für sie relevanten Stellen sitzen dann oft jüngere Mitarbeiter, als die, zu denen sie vorab Beziehungen aufgebaut haben. Und die haben natürlich ihre eigenen Netzwerke, aus dem Studium, der Ausbildung, aus anderen Netzwerken und somit natürlich auch ein Interesse daran, mit Kontakten zu arbeiten, die sie kennen. So war es, als sie anfingen, ja auch. Darum, sorgen sie dafür, dass Ihre Netzwerkstruktur möglichst resilient aufgestellt ist, damit Sie gerade in Situationen des Umbruchs keinen extremen Einbruch in ihren Vertriebsaktivitäten haben.

Wie können Sie sich außerdem so vorbereiten, dass Sie sehr gut darüber im Bilde sind, was die Branche, in der Sie akquirieren, bewegt?

Das war nie einfacher als heute.

1. Sie schauen, ob das Unternehmen auf Facebook eine offizielle Seite hat, und werden Fan, klicken also auf „Gefällt mir". Ab dann, je nach Einstellung und wie oft Sie nachsehen, bekommen Sie alle Aktivitäten dieses Unternehmens in Ihrem Newsstream angezeigt. Einziger Haken, Sie müssen selbst ein Profil bei Facebook haben. Viele Geschäftsleute meinen, dass Facebook doch ein privater Kanal sei. Das ist nicht mehr als eine schöne Ausrede. Ungefähr 60 % der Informationen, je nachdem wie sie vernetzt sind und wem sie folgen, sind rein beruflicher Natur. In jedem Fall steuern Sie das selbst. Es sind sogar Datenschützer aktiv auf Facebook unterwegs, denn auch die sagen, sie können nur vor Dingen schützen, die sie selbst kennen. Und so ist es. Sie

haben nur die Informationen, die Sie selbst aus erster Hand bekommen. Sie können nur informiert sein, wenn Sie Zugang zu den Informationen haben.

Sind sie genervt, weil die Informationen Sie nicht weiter bringen, so können Sie zu jeder Zeit die Freundschaft aufkündigen, bzw. ihren „Gefällt mir"-Eintrag stornieren. Sie werden jedoch überrascht sein, wie schnell und einfach Sie ein Gefühl dafür bekommen, welche Kanäle Ihnen relevante Informationen liefern und welche Sie getrost ausblenden können.

2. Melden Sie sich bei den für Sie relevanten Newslettern an. Je nachdem, wo Sie sich anmelden, überlegen Sie, welche Mailadresse sie verwenden. Will heißen, wenn Sie sich bei Wettbewerbern informieren möchten, verwenden Sie ihre private Mailadresse, ist wahrscheinlich eh überflüssig, dass das hier erwähnt wird ...

3. In welchen Medien, wird zu Themen, die Sie beruflich weiter bringen, diskutiert? Welche Form des Erfahrungsaustausches gibt es? Sicherlich beziehen Sie die Fachzeitungen, lesen die Beiträge in den einschlägigen Internetforen oder informieren sich auf den Fachkongressen oder Messen, die für Ihre Kundenzielgruppen relevant sind. Sie müssen selbstverständlich nicht aus allen Medien Informationen beziehen. Das wäre zu viel und vor allem kostet es viel zu viel Zeit. Im Verkauf gibt es auch einen Typus Verkäufer, der das alles liest, und nicht aktiv wird, bevor er das Gefühl hat, alles, aber auch wirklich alles über die potenziellen Kunden zu wissen.

   Das gesunde Mittelmaß ist hier, wie bei allen Dingen, gemeint. Quasi wie aus der Helikopterspektive sollten Sie wissen, was Ihre Kunden bewegt, wo diese die nächsten Herausforderungen haben, um einschätzen zu können, wann Ihr Produkt oder Ihre Dienstleistung den höchst möglichen Nutzenhebel entfalten kann.

4. Ein Thema, das nicht selbstverständlich ist, allerdings erheblich entscheidet, ob Ihr Gesprächspartner sich auf Sie und Ihre Angebote, Aussagen, emotionalen Anker konzentrieren kann, oder ob dieser damit beschäftigt ist, Ihre Person in eine seine sozialen Schubladen unterzubringen: Ihre Gesamterscheinung.

Fangen wir beim unangenehmen Thema an. Dem Atem und den Geruch, den sie versprühen. Wer in Ihrem Umfeld ist so wertschätzend, dass er oder sie Ihnen sagen mag, wann und ob sie einen unangenehmen Atem haben?

Ein heißes Thema, denn je nachdem, in welcher Entfernung Sie zu Ihrem Gesprächspartner stehen oder sitzen, nimmt dieser Ihren ausströmenden Geruch wahr. Der wird Ihnen das nicht sagen, im besten Fall merken sie es dadurch, dass Ihr Gesprächspartner immer weiter von Ihnen distanziert. Rücken Sie nicht hinterher, gehen Sie ihrerseits unauffällig und diskret auf Distanz. Wenn Sie rauchen, tun Sie sich einen Gefallen, machen Sie es nicht vor wichtigen Terminen, schon gar nicht bei Ersttermine, oder gar im Auto. Den „Duft" bekommen sie nicht aus Ihrer Kleidung, Sie merken es nicht, aber Ihr Gesprächspartner ist eine Weile damit beschäftigt, den Grund für den schlechten Geruch zu suchen. Schlimmer noch, Sie haben einen oder mehrere Gesprächspartner, die gerade aufgehört haben zu rauchen. Sie wissen es nicht, mit wem Sie es zu tun haben, also nehmen Sie Ihr Suchtego zurück und ersetzen es durch den maximalen Duftrespekt für Ihren potenziellen Kunden.

Noch ein Ausflug ins Unterbewusstsein. Wie professionell stufen Sie berufliche Kontakte ein, von denen Sie der Meinung sind, dass die in Ihrer Wahrnehmung unangenehm riechen? Genau. Das könnte der Welt-Experte sein, der Sie so weit bringt, wie Sie es in ihren Träumen nicht zu hoffen geglaubt haben, Sie werden ihn aber nicht hören und seine Brillanz nicht erkennen, weil Sie mit seinen ausströmenden Gerüchen beschäftigt sind.

Das gleiche gilt für zu viel Make-up, oder zu viel von Ihrem Lieblingsduft.

Fallbeispiel: Vor vielen Jahren hatte ein Unternehmen eine Bewerberin im Gespräch, die in einem billigen Yves-Rocher-Parfüm mindestens komplett gebadet hatte. Nach drei Tagen durchgängigem Lüften konnte mein Kunde sein Büro wieder betreten, ohne sofort Kopfschmerzen zu bekommen. Der einzige Gedanke in dem direkten Gespräch mit der Bewerberin: Wann geht die endlich, damit ich wieder atmen kann. Selbst, wenn die Bewerberin in ihrem Job die genialste Bewerberin gewesen wäre, mein Kunde hätte sie nie eingestellt. Durch die Art und Weise ihres Gesamtauftritts, hat sie sich selbst alle Chancen zunichte gemacht.

Und dann sind wir auch schon bei Ihrer Kleidung. Passt Ihre Kleidung zu Ihnen? Zu Ihrem Job? Sehen die Sachen so aus, dass man Ihnen abnimmt, dass Sie diese gerne tragen? Passen die Sachen zum Auftreten Ihrer Kunden? Will heißen, trägt Ihr Kunde Hemd und Jeans, und Sie einen Anzug ohne Krawatte und Hemd, passt das. Schon die Krawatte kann mittlerweile in der Kommunikation ein unterbewusstes Hindernis sein. Und an alle, die glauben, eine Krawatte würde nicht vorhandenes Wissen kompensieren: dem ist nicht so. Wenn Sie emotional wie fachlich ein Tiefflieger sind, dann hilft die Krawatte auch nicht, die macht Sie dann lediglich noch lächerlicher und Sie wirken in Ihrem Kostüm wie ein nicht ernst zu nehmender Verhandlungspartner.

Was immer wirkt, Kleidung die sich an das Bild des potenziellen Kunden anpasst, oder ganz bewusst mit dem bricht, wenn es sich z. B. um kreative, beratende oder andere hochspezialisierte Aufgaben handelt. Tragen Sie Hemden oder Blusen, die zu Ihrer Figur passen, wenn Sie dünn sind, ruhig sportlich, zeigen Sie, dass Sie durchtrainiert sind. Haben Sie zu viele Wohlfühlpfunde, umso wichtiger: keine Hemden, deren Knöpfe beim Hinsetzen sich in Geschosse verwandeln könnten. Aus welchem Stoff sind Ihre Hemden? Investieren Sie besser in Modelle, deren Stoff auch nach 6 h intensiver Arbeit, Autofahren, Meetings, Präsentationen aussehen, als hätten Sie es erst aus dem Schrank genommen. Es gibt einige Marken, auch für Männer, in die es sich lohnt zu investieren, oder noch besser, gehen Sie zu einem Schneider. Es gibt richtig gute Schneider, die sich auskennen und Sie werden überrascht sein, dass die Hemden, die sich dort anfertigen lassen, unwesentlich mehr kosten, als Markenhemden im Handel. Und tragen Sie ein Unterhemd, T-Shirt oder ähnliches. Manche Stoffe sind so dünn, dass diese die Phantasie zu sehr anregen. Bei einem Rendezvous mit einer schönen Frau ist das sicherlich etwas anderes.

Schuhe, sauber, mit einer individuellen Note, aber nicht unnötig so exklusiv, dass Ihr Gesprächspartner sie fragt, ob Sie den Balken gefunden haben, an dem Sie Ihr Pferd anbinden konnten.

Mit Ringen, Uhren, Ketten und anderem Modeschmuck ist es ähnlich. Natürlich können Sie einen besonderen Ring tragen, oder eine besondere Uhr. Schön, wenn dahinter eine persönliche Geschichte steckt, warum Sie ausgerechnet diese Uhr, diesen Ring tragen. Die Ihnen Ihre Frau geschenkt hat, als Ihre Tochter ein Jahr alt war, damit Sie es immer auf dem Schirm haben, wenn Sie die Kleine von der Krippe abholen dürfen. „Ach ja Kinder, ich habe da auch zwei Rabauken, . . . " – schon sind Sie im Gespräch und das mit einer Gemeinsamkeit, gerade bei Kindern, die sie mit Ihrem Gesprächspartner verbindet und Vertrauen schafft.

Wesentlich in Ihrer äußerlichen Erscheinung ist auch ihre gesamte Körperhaltung. Wie gerade ist Ihr Rücken? Stehen Sie immer mit beiden Beinen so fest auf jedem Boden, dass Ihr Gesprächspartner das Gefühl hat, mit einem starken Partner zu sprechen? Wie ist Ihr Gang? Sicher und dynamisch? Und Ihr Blick, ist der immer fest auf Ihren oder Ihre Gesprächspartner gerichtet?

Lassen Sie sich bezüglich Ihrer Körperhaltung ein Feedback von guten Geschäftskontakten geben. Auch, wie Sie wirken, wenn Sie sitzen. Sind Sie so spannungsgeladen, dass man es Ihnen abnimmt, dass Sie sich konzentriert am Gespräch beteiligen? Sind Ihre Füße ebenfalls beim Sitzen fest auf dem Boden verankert?

Persönliche Geschichten sind zu emotional? Nicht relevant? Mitnichten. Sie sind Vater, und lieben Ihre Familie? Dann weiß Ihr Gesprächspartner, dass Sie Verantwortung übernehmen, sich nicht scheuen, sich auch einmal etwas mehr zu engagieren, können mit unvorhergesehen Situationen umgehen und so weiter. Alles wertvolle Werte, die Sie im weiterführenden Gespräch nicht mehr mühsam als „Ihre Werte" ins Gespräch bringen müssen. Die Stärke dieser unterbewussten Bilder, die mit ganzen Wertewelten verbunden sind, arbeitet für Sie.

Hier einige Assoziationen und was die auslösen können:

- Kinder = Verantwortung übernehmen und sich engagieren, weil Sie die Familie ernähren.
- Ringe = selbst geschmiedet, handwerklich begabt // aus dem Urlaub von . . . mitgebracht, weil der die Geschichte des Volkes erzählt . . . = interessiert sich für die Dinge dahinter // eine Kultur // den Partner // vergeben = ist in einer soliden Partnerschaft, was macht denn Ihre Frau /Ihr Mann?
- Uhren = analog mit Zeigern = ist dem traditionellen Werten treu und solide unterwegs // digitale Smart Watch = sehr modern und ein wenig Kontrollfreak = gut für das komplexe Projekt, habe das Gefühl, der bekommt das durch die technische Ausrüstung unter Kontrolle.
- Armbänder = haben meistens eine Geschichte oder sind dazu da, die Gesundheitsdaten zu übermitteln = bodenständig oder modern, am Puls der Zeit.
- Schuhe in besonderen Farben oder angefertigt = detailverliebt, gut für Themen, in denen es auf die Genauigkeit, das letzte Detail oder auf Kreativität ankommt.

- Socken = farbliche Tupfer, stehen für Individualität, dass Sie trotz des ganzen Mainstreams Ihre Persönlichkeit durchblitzen lassen, ohne den Gesprächspartner dabei zu vereinnahmen.

Das sind nur ein paar Beispiele, die stellvertretend für sehr viele Bilder stehen, die Sie nutzen können, um Ihre wesentlichen und wichtigen Werte über passende Bilder zu kommunizieren, ohne diese beschreiben zu müssen.

Eines ist in jedem Fall sicher: Ihr Gesprächspartner fragt sich, wenn sie etwas Besonderes tragen, warum Sie sich dafür entschieden haben. Und Sie können sich sicher sein, dass diese Frage, wenn Sie die nicht beantworten, zu Beginn des Gespräches einige Prozent seiner Aufmerksamkeit in Anspruch nimmt. Es liegt an Ihnen und Ihrer Gesprächsdramaturgie, ob Sie das mit eingeplant haben und was Sie daraus machen, oder wie Sie Ihre modischen Besonderheiten so bewusst einsetzen, dass Sie darüber ihre Gesprächsführung positiv lenken.

Was ist das wichtigste Werkzeug im persönlichen Verkauf? Genau, Ihre Stimme.

Wie oft trainieren Sie diese? Haben Sie die überhaupt schon mal trainiert? Jetzt sagen Sie, Sie haben eine echt gute Stimme. Das ist wahrscheinlich auch so, sonst wären Sie nicht so erfolgreich. Es ist trotzdem sehr interessant, seine eigene Stimme in einem professionellen Stimmtraining einmal an die Grenzen zu bringen und sich der Macht bewusst zu werden, was sie mit dieser Stimme noch tun können. Wie leise können Sie werden, um Spannung zu erzeugen? Wie voluminös können Sie die Tiefen ihrer Stimme ausloten, um einen ganzen Saal zu füllen? Spannungsbogen und Stimme, ein sehr wirkungsvolles Werkzeug, auch in Situationen, in denen Sie sich eventuell nicht so sicher sind, aber überzeugen wollen. Die Stimme ist nach wie vor in allen persönlichen Verkaufsgesprächen das Werkzeug, mit dem Sie beeindrucken und punkten werden.

Und wie sehen Sie so aus? Die Haare wirken frisch geduscht, Ihre Hautfarbe sieht idealerweise gesund aus. Sie wirken insgesamt gepflegt. Ihre Fingernägel eignen sich nicht für den Bergbau und sind blitze blanke sauber. Man sieht Ihnen an, dass Sie sich gesund ernähren, Sport treiben und darauf achten, mit welchen gesunden Mittagspausen Sie sich umgeben und nicht im Auto die Senfflecken mit der Anzugshose nach draußen tragen.

Stellen Sie sich vor, vor Ihnen steht ein ausgeschlafener, gesund aussehender und dynamisch wirkender Verkäufer. Trauen Sie dem zu, dass er Ihre möglichen Herausforderungen löst? Wahrscheinlich, denn genauso, wie der Verkäufer auf sich achtet, so wird er auch auf Ihr Projekt achtgeben, das Sie zum Erfolg führt.

Sie sehen, die ganzen letzten Punkte, die in dieses erste Gespräch einfließen, werden nur unterbewusst wahrgenommen. Aber unser Unterbewusstsein trägt viel dazu bei, dass wir überhaupt eine Chance haben, als vollwertiger und professioneller Gesprächspartner wahrgenommen zu werden. Vieles läuft unterbewusst schon bei Ihnen professionell als Programm ab, sicherlich ist es mal der ein oder andere Punkt, an dem Sie sagen, da könnte ich eventuell noch etwas justieren. Denn Sie sind ja schon erfolgreich, möchten es, da Sie dieses Buch lesen, in Zukunft nur noch etwas einfacher haben. Oder sind ein Kollege, eine Kollegin, der/die sehen will, was die anderen Kollegen aus dem Vertrieb so schreiben. Hier werden keine Welten neu erfunden, es geht um Fokussierung auf die Details, die Sie bei Ihren Kunden effektiv weiter bringen. Nicht mehr und nicht weniger.

Es sind immer die Nuancen, die den Unterschied machen. Selten sind es große neue Erkenntnisse, Prozessveränderungen oder Effekte, die neue Kunden davon überzeugen, künftig mit Ihnen zu arbeiten.

4.2 Die Gesprächsvorbereitung

Jedes Gespräch, egal wie kurz, wie wichtig oder wie intensiv, sollten Sie schriftlich vorbereiten. Tun Sie sich und Ihrem Gesprächspartner den Gefallen. Denn nur so sind Sie auf das Gespräch richtig fokussiert, haben Ihr Ziel fest im Blick und das merkt der Gesprächspartner ebenso. Außerdem ist Ihr Unterbewusstsein darauf programmiert, das Ziel zu erreichen. Und es wird Sie in der gesamten Gesprächsführung unterstützen, das Gespräch mit seinen Inhalten immer wieder darauf hin lenken. Nutzen Sie diese effektiven Werkzeuge, denn die arbeiten sowieso und unterstützen Sie bei Ihrer Arbeit. Sämtliche Automatismen, die für Sie arbeiten, sollten Sie so programmieren, denn damit sparen Sie eine Menge Energie und Sie werden unterstützt, Ihr Ziel zu erreichen.

Was sind die einzelnen Elemente bei einer soliden Gesprächsvorbereitung?

4.2.1 Fokus auf das Ergebnis im Gespräch

Mit welchem Ergebnis möchten Sie das Gespräch beenden? Bitte sind Sie hier nicht zu bescheiden. In vielen Gesprächen, bei der Vorbereitung für ein Erstgespräch, höre ich immer wieder, dass es ein gutes Ergebnis, wäre einen Termin zu bekommen. Natürlich kann das gut sein, dass das bisher in Ihrer Branche/in Ihrem Unternehmen und Ihrem beruflichen Werdegang so üblich war. Aber das muss so nicht bleiben.

Stecken Sie Ihr Ziel ruhig höher z. B. nehmen Sie sich vor, dass Sie in einem Erstgespräch einen Auftrag platzieren werden. Meistens kommen dann an dieser Stelle ganz viele Einwände, warum das nicht möglich ist, und dass das bei Ihnen schwierig sei. Mag sein, dass dem so ist, jedoch möchte ich Sie dazu einladen, das wirklich kritisch zu hinterfragen.

Ist das wirklich so?

Denn in ganz vielen Fällen gibt es Lösungen, die einen Erstauftrag in einem ersten Gespräch zulassen, wenn Sie für Ihren Aufgabenbereich ein klein wenig um die Ecke denken. Wie lässt sich das, auch für investitionsintensive Branchen, lösen?

Fallbeispiel
Eine Marketingagentur lebt davon, dass Kunden dieser Agentur Prospekte, Gestaltungen von Logos, Internetseiten, Mailings, das komplette Marketing etc. in Auftrag geben. In

diesem Geschäft geht es um einen reinen Verdrängungswettbewerb. Denn fast jedes Unternehmen hat Dienstleister in diesem Bereich oder kennt jemanden, der jemanden kennt. Es gibt sehr viele emotionale Entscheidungen, selten jedoch eine klare Zielvereinbarung oder eine Strategie, die darauf ausgerichtet ist, via Marketing und Werbung über gezielte Maßnahmen einen höheren Umsatz zu generieren oder ein anderes Ziel zu erreichen. In diesem Bereich denken viele, dass ein paar bunte Bilder und ein gut gemachter Text ausreichen. Das Wichtigste ist jedoch, wie in allen Bereichen, die Strategie und der Prozess, mit dem das Marketing die Kunden gewinnen will.

Die Aufgabe

Wie können Kunden so gewonnen werden, ohne in die nach unten gerichtete Preisspirale, die durch den starken Wettbewerb im Markt herrscht, hinein zu geraten?

Die Lösung

Statt einfach nur Angebote bei Erstanfragen oder selbst gemachten Akquisetätigkeiten zu versenden oder in unbezahlte Pitches zu gehen, wurde es selbstverständlich, dass neue Kunden immer einen bezahlten Workshop buchen mussten, bevor man zusammen arbeitet. Das war die Grundbedingung, um mit der Agentur als Kunde zusammen zu arbeiten.

Der Hintergrund für diese Lösung

Durch den Workshop, der im Anfangsstadium zu einem symbolischen Festpreis angeboten wurde, war der Verkaufsprozess neu definiert. In einem Erstgespräch wurde dieser Workshop, den das Unternehmen als ersten Step kaufen konnte, verkauft. Das erleichtert wesentlich die Akquisetätigkeiten.

Warum?

Der Workshop stellte für die potenziellen Kunden ein geringes finanzielles Risiko dar. Auch der Zeiteinsatz mit circa zwei Stunden war überschaubar. Ebenso konnte der Kunde die Agentur intensiv prüfen, ob denn die Art und Weise in der Arbeit zu dem eigenen Unternehmen passt. Ob die Werte zur Zielsetzung passen.

Beide Seiten bekommen so schnell ein Gefühl, ob man miteinander arbeiten könne.

Der Kunde bekommt in jedem Fall durch den Workshop einen neuen Blick und zusätzliche Anregungen für sein Marketing und war nicht verpflichtet, sich mit seinen nachfolgenden Aufträgen an die Agentur zu binden. Die Ergebnisse aus dem Workshop kann er frei verwenden, denn die waren in jedem Fall seine eigenen.

Für die Agentur bringen die Workshops Planungs- und Kalkulationssicherheit. Denn wie der Kunde denkt, funktioniert und was dieser erreichen möchte, wurde durch den Workshop sehr deutlich. Auch legt der Workshop offen, was der Kunde mit seiner Maßnahme wirklich erreichen möchte. Denn nicht immer ist Kunden klar, was einzelne Marketingmaßnahmen wirklich im Stande sind zu leisten, oder aus Unwissenheit wird zu kurz gedacht und dann ist die Umsetzung oft ungenügend.

Mit dem Workshop haben beide Seiten eine angenehme Art sich auf eine distanzierte, professionelle und ein wenig unverbindliche Art kennen zu lernen. Ohne ein hohes Risiko einzugehen.

Für den Vertrieb in der Agentur bedeutet das, dass es relativ einfach war, diesen Workshop als klar definiertes Produkt, mit klaren Ergebnissen, in einem Erstgespräch, sogar am Telefon, sofort zu verkaufen. Es wurde von vornherein der Betrag für den Workshop nicht mit eventuellen Folgeaufträgen verrechnet. Der Workshop war ein eigenständiges Produkt.

Fazit

Kunden, die den Workshop gebucht haben, sind zu 95 % Kunden der Agentur geworden. Die Einstiegsschwelle mit der Agentur zu arbeiten war sehr gering. In vielen Erstkontakten konnten diese Workshops verkauft werden, so dass in einem Jahr bis zu 50 dieser Workshops durchgeführt wurden.

Was könnte für Ihr Geschäft ein solches Produkt, wie z. B. dieser Workshop sein? Oder vielleicht haben Sie dieses Produkt ja auch schon? Was würden Ihnen Kunden für eine erstklassige Beratung bezahlen, die es möglich macht, Risiken zu minimieren, Kosten zu senken, neue Wege für Probleme zu finden, oder andere Ergebnisse zu liefern?

In vielen Branchen, gerade dort, wo es um Beratungen oder die Umsetzung von Prozessen zur Verbesserung der Leistungsfähigkeit von Unternehmen geht, sind ähnliche Produkte möglich. Dass es bei Ihnen nicht geht, ist ja schon der Stand von heute. Machen Sie sich Gedanken zur Frage: Was kann ich bei einem ersten Gespräch ganz leicht an meinen potenziellen Kunden verkaufen, so dass dieser von meinen Leistungen begeistert ist? Und so, dass dieser einen wertvollen Nutzen an die Hand bekommt, die bei ihm das Risiko minimiert, oder mehr Sicherheit schafft oder er einen anderen wesentlichen Vorteil von diesem Produkt hat.

Zurück zur Gesprächsvorbereitung: Das Ziel, dem Kunden etwas zu verkaufen, was ihm einen unmittelbaren Nutzen bringt, bei einem überschaubaren Risiko, ist somit leichter möglich. Gleichzeitig haben Sie damit die Möglichkeit, schneller ein Vertrauensverhältnis zu Ihrem idealen Kunden aufzubauen. Und das ist immer ein Vorteil.

4.2.2 Welche Reputation haben Sie?

Was wird Ihr künftiger Kunde über sie finden, wenn er ihren Namen in eine Internetsuchmaschine eingibt? Wie denken Kunden über Sie, wenn Sie Aufträge erledigt haben? Welchen „Ruf" haben Sie in Ihrer Region oder in Ihrer Branche?

Im Internet findet Ihr neuer Kunde hoffentlich auf der ersten Seite professionelle Einträge von Ihrer eigenen Website, von Ihrem Xing-Profil und anderen Veröffentlichungen, die Sie gemacht haben. Selbst wenn Sie einen „Allerweltsnamen" haben, sollten Sie positive Spuren im Internet hinterlassen:

- Wie sind Sie vernetzt, auch in der persönlichen Welt?
- In welchen Geschäftsnetzwerken sind Sie persönlich präsent?
- Kennt man Sie in Ihrem direkten Umfeld oder in der Branche?

Welche fachlichen Veröffentlichungen haben Sie gemacht?

Seien Sie nicht zu bescheiden. Es ist im Kleinen wie im Großen. Zeigen Sie, was Sie wirklich gemacht haben. Das hat nichts mit Überheblichkeit oder Bescheidenheit zu tun. Neue Kunden wollen wissen, mit wem sie arbeiten. Sie wollen sicher sein, dass sie für das Projekt, das umgesetzt werden soll, den jeweils besten Partner an ihrer Seite haben. Also, wie bei Ihnen. Welchen Marken vertrauen Sie, wenn Sie sich z. B. neue technische Produkte kaufen? Oder wenn Sie Lebensmittel einkaufen. Wem vertrauen Sie und welche Reputation hat diese Person oder diese Marke? Damit haben Sie ein gutes Vorbild von dem, was Ihre Kunden von Ihnen erwarten, bzw. womit sie Ihre Kunden überzeugen können.

Wenn Sie mögen, stellen Sie sich die Frage:

Warum werden Menschen, die bekannt sind, mehr gebucht? Und warum bekommen die immer hohe Gagen?

Warum werten Marken im Fernsehen ihre Produkte mit bekannten Testemonials aus dem Sport, dem Schauspiel, dem Fußballgeschäft, etc. auf?

Genau, weil die Menschen, die eine hohe Bekanntheit haben, weil die Menschen, die für bestimmte Werte einstehen, weil die Menschen, zu denen man sich nahe fühlt – selbst eine starke Marke sind und anderen Menschen diesen vertrauen.

Für Sie selbst umgesetzt heißt das, wenn Sie sich im Dunstkreis einer solchen Persönlichkeit bewegen, dann strahlt diese auf Sie ein wenig Glammerlicht ab. Die Menschen schätzen daran, dass man weiß, worauf man sich einlässt. Denn Menschen kaufen nicht gerne die „Katze im Sack". Darum lohnt es sich kontinuierlich auf das eigene Reputationskonto einzuzahlen.

Wie können Sie das für sich umsetzen?

Die eigene Reputation baut sich nicht in kurzer Zeit auf. Sie können die allerdings in wenigen Sekunden stark beschädigen. Wie der Abgasskandal bei VW gerade mehr als deutlich macht.

Mit welchen Maßnahmen können Sie sich eine erstklassige Reputation aufbauen?

Maßnahme 1

Behalten sie immer Ihr Herz am rechten Fleck. Alles, was Sie veröffentlichen, wie Sie sich geben, was Sie in Ihrem Umfeld machen, bleiben Sie sich selbst treu. Kopieren Sie keine anderen Personen, schaffen Sie sich ihre eigenen Themen, die Ihnen besonders wichtig sind. Tauschen Sie sich mit anderen aus und schaffen Sie um sich herum ein Umfeld, dass Sie weiter bringt. Mit möglichst vielen Menschen, die auf speziellen Gebieten besser sind als Sie selbst, denn nur so können Sie dazu lernen und sich ständig weiter entwickeln.

Maßnahme 2

Schreiben Sie regelmäßig Fachartikel und veröffentlichen Sie diese in Ihren einschlägigen Branchen-Fachzeitungen, in Ihrem Blog, in den überregionalen Zeitungen, die Ihre Kunden lesen oder in der regionalen Presse.

Sie können diese Artikel auch von Presse-Profis schreiben lassen. Oder arbeiten Sie mit einer Public-Relations-Agentur, die sich in Ihrem Bereich auskennt. Oder, wenn Sie im Online-Bereich mehr machen möchten, lassen Sie sich von Social-Media-Profis unterstützen, die selbst sehr stark vernetzt sind und denen eine eigene Community folgt, die eine gewisse Resonanz erzeugen. Sie selbst sind in jedem Fall der Dreh- und Angelpunkt, gehen Sie in die Öffentlichkeit und haben Sie keine Berührungsängste. Denn nach wie vor ist es so, wird über Sie berichtet, dann haben Sie eine gewisse Relevanz. Und Menschen arbeiten gerne mit Menschen, die für ein bestimmtes Thema relevant sind. Die auch Ecken und Kanten haben.

Die höchste Reputation ist nach wie vor, ein eigenes Buch veröffentlicht zu haben. Arbeiten Sie gerade an einem Buch? Oder haben eines veröffentlicht? Womöglich noch in einem Fachverlag? Dann nutzen Sie das. Ein Buch ist durch die gedruckte Form, verlegt von einem offiziellen Verlag, mit einem guten Lektorat, wie eine Doktorarbeit. Man traut Ihnen automatisch zu, dass Sie komplexe Themen und Probleme lösen können, da Sie über eine hohe analytische und strategische Kompetenz verfügen. Denn sonst würden Sie es nicht schaffen, ein Buchprojekt in einer akzeptablen Zeit und einer entsprechenden Qualität umzusetzen. Außerdem zeigen Sie, dass Sie Ihr Thema beherrschen und erzeugen bei dem Gesprächspartner den Eindruck, dass Sie etwas zu sagen haben.

Maßnahme 3

Welche Fotos findet man über Sie, mit Ihren Namen im Internet? Sorgen Sie dafür, dass auch Ihre aktuellen Bilder in den Suchmaschinen auftauchen. Lassen Sie jährlich oder zumindest alle zwei Jahre aktuelle Bilder von sich anfertigen. Ihre Gesprächspartner sollten Sie erkennen, wenn Sie diese besuchen.

Achten Sie auch darauf, dass in allen Ihren Profilen das gleiche Bild zu finden ist. Also, dass in XING, Facebook, LinkedIn und allen Profilen, Sie Ihre potenziellen Kunden mit dem gleichen charmanten Blick ansehen.

Außerdem: Machen Sie Videos zu Ihren Themen. In den künftigen Jahren werden sich auch die fachlichen Inhalte immer mehr und mehr in die Bewegtbilder verschieben. Doch den Ausbau der Bandbreiten in den einzelnen Netzen ist das dann der Standard. Nutzen Sie jetzt die Zeit, um sich dem Thema zu nähern.

Zusätzlich sehen Ihre potenziellen Kunden, wie Sie sprechen, wie Ihre Gesten sind, bekommen einen Eindruck von Ihrer Stimme und eventuell, wie Sie reagieren, wenn aus dem Publikum Fragen gestellt werden. Ihre Kunden erleben Sie interaktiv. Darum sollten Sie bereits jetzt diese Möglichkeiten nutzen, denn in vielen Branchen entscheiden Auftraggeber mittlerweile gemeinsam mit den Entscheidern aufgrund von Recherchen im Internet und somit auch, wie sie sich dort bewegen. Unterschätzen Sie diesen Kanal nicht. Bzw. seien Sie Ihrem Wettbewerb in dieser Hinsicht einen Schritt voraus.

Maßnahme 4

Nutzen Sie Netzwerke vor Ort oder/und die in Ihren Fachkreisen. Bauen Sie sich Ihr persönliches Netzwerk auf, in dem Sie sich frei bewegen können, mit Personen, die Sie wieder in andere spannende, für Sie relevante Netzwerke bringen können.

Treten Sie öffentlich auf?

Trauen Sie es sich zu, auf Kongressen, Messen oder Veranstaltungen Vorträge zu halten? Klasse, dann haben Sie einen sehr reputationsstarken und vor allem effektiven Kanal gefunden, um sich selbst interessant und zugleich effektiv in Szene zu setzen. Jeder, der Vorträge hält, hat etwas zu sagen. Das gesamte Publikum folgt gespannt seinen Ausführungen. Bauen Sie in Ihren Vorträgen Anker ein, die Ihre Zuhörer dazu animieren, weitere detaillierte Informationen von Ihnen zu Ihrem Fachthema zu bekommen. Ziel sollte es sein, dass Sie die Kontaktdaten von Ihren potenziellen Kunden bekommen. Als Gegenleistung bieten Sie Materialien, die Ihren künftigen Kunden einen unmittelbaren Nutzen liefern. So schöpfen Sie einen unmittelbaren Wert aus Ihren Vorträgen.

Es gibt in Deutschland für alles Mögliche Verbände, Kongresse und Messen und die tagen in regelmäßigen Abständen. Alle suchen nach möglichst kostenlosen Vorträgen, bieten Ihnen aber zugleich eine Bühne und liefern die passenden Zuhörer dazu. Ohne, dass Sie einen hohen Akquiseaufwand haben. Eine einfache Art, wie Sie sich in neuen Kundengruppen recht schnell bekannt machen und zeigen können, was Sie können. Jeder, der einen Vortrag hält, hat automatisch eine hohe Reputation. Überlegen Sie, wo Sie diese Art und Weise den eigenen Vertrieb aufzubauen, nutzen können.

Maßnahme 5

Wie werden Sie von Ihrem Umfeld wahrgenommen? Hier geht es um ihre ganz persönliche Werte-Welt.

- Wofür stehen Sie als Person ein?
- Welche Werte leben Sie an jedem Tag?
- Und sieht Ihr unmittelbares Umfeld das ebenso? Bzw. passt Ihr aktuelles Umfeld zu dem was Sie leben?

In der heutigen Geschäftswelt ist vieles in Bewegung. Märkte sind nicht mehr linear wachsend oder fallend, sondern es gibt Firmen, denen es gut geht, andere im gleichen Marktsegment haben es verpasst, ihre Hausaufgaben zu machen und ringen um jeden Auftrag, oder müssen zu jeder noch so schlechten Kondition anbieten. Homogenität wird es künftig immer weniger geben, da es immer weniger verlässliche Rahmenbedingungen gibt. Durch Auseinandersetzungen zwischen Staaten können binnen kurzer Zeit ganze Warenströme unterbrochen werden. Oder durch Skandale in global agierenden Unternehmen können ganze Zulieferketten unter einem preislichen Druck geraten oder fallen ganz aus.

Um auf solche Überraschungen zu reagieren, ist es notwendig, dass Sie möglichst resistent aufgestellt sind. Das heißt, dass Sie ein belastbares Netzwerk haben, das idealerweise nicht nur in einer Branche agiert, sondern Sie auch immer die Möglichkeit haben, in parallele Branchen auszuweichen.

Wie ist das mit den Werten gemeint?

Nehmen wir mal an, einer Ihrer Werte ist Zuverlässigkeit. Die meisten werden jetzt sagen, zuverlässig ist doch jeder. Sie glauben gar nicht, wie wenige Menschen im Geschäftsleben dauerhaft zuverlässig sind. Und damit meine ich nicht, einen Termin einhalten, ich meine damit über 5, 10, 20 Jahre, das gesamte Geschäftsleben über zuverlässig zu sein.

Was heißt das im Einzelnen für Sie?

Das heißt z. B., dass Sie sich immer, wenn sich jemand bei Ihnen meldet, ob per Telefon, Mail oder auf welchem Korrespondenzweg auch immer, zurück melden. Und das unverzüglich, bzw. möglichst schnell. Denn so nimmt Sie Ihr Gesprächspartner als zuverlässig wahr. Wenn sie Zusagen machen, dann setzen Sie alles daran, dass die eingehalten werden. Wenn Projekte über Sie initiiert wurden, dann haben Sie diese auf dem Radar und erkundigen sich zwischendurch nach dem aktuellen Stand. Und geben diesen Stand, ohne Nachfragen vom Kunden, aktiv an diesen weiter.

Wenn Sie Zuverlässigkeit leben, dann schaffen Sie nach außen hin für Ihre Kunden das Bild, dass es bei Ihnen einfach ist, etwas anzufragen und sie sich sofort zurück melden. Seien Sie konsequent bei all Ihren Werten, die Ihre Kunden an Ihnen schätzen sollen. Die müssen zu Ihnen passen, bzw. Sie selbst diese aktiv leben. Auch gilt wieder: Aufgesetzte Werte, die Sie gar nicht verkörpern, werden Ihnen Ihre Kunden auch nicht abnehmen. Diese werden merken, dass etwas nicht passt. Und das passiert auf der Gefühlsebene, die lässt sich nicht überlisten, die ist quasi immer präsent.

Um Ihre wahren Werte herauszufinden, sprechen Sie mit guten Kunden, warum diese mit Ihnen arbeiten und ergänzen Sie die Werte mit denen, die Ihnen wichtig sind. Bleiben Sie sich treu, dann sind Sie schon einen großen Schritt weiter.

Allein, durch eine stetige Zuverlässigkeit, werden Sie in Ihrem Markt einen unschätzbaren Wert für Ihre Kunden haben.

Fazit

Ihre Reputation ist vor einem ersten Gespräch ein wesentlich entscheidender Faktor für Ihren Gesprächspartner, um sich für die Zusammenarbeit mit Ihnen zu entscheiden. Denn Ihr Gesprächspartner fragt sich in der Kennlernphase die ganze Zeit, ob er Ihnen vertrauen kann. Ob Sie der ideale Partner sind, der seine Probleme und Aufgaben so lösen kann, dass er zufrieden ist. Jeder von uns arbeitet gerne mit Menschen, von denen er schon gehört hat und wo er weiß, dass er sich auf diese verlassen kann. Die ihm irgendwo positiv aufgefallen sind. Die ethisch eine passende Einstellung zu ihm selber haben. Darum ist es wichtig, dass sie detailverliebt darauf achten, wie sich Ihr gesamtes Reputationsbild nach außen darstellt.

Wenn Sie sich nicht sicher sind, wie Ihr Reputationsbild nach außen hin wirkt, so fangen Sie ab jetzt an, einfach ein paar gute Kontakte aus Ihrer geschäftlichen Umgebung zu fragen, wie diese Sie wahrnehmen und was diese an Ihnen schätzen. Oder mit welchen Leuten, die z. B. bei neuen Projekten gerne zusammen arbeiten und warum die sich für diese Leute entscheiden würden. So erhalten Sie ein umfassendes Bild, an dem Sie ständig arbeiten können und das Sie stetig verbessern können.

In jedem Fall lohnt es sich, genau hinzuhören was Ihre Kunden über Sie sagen. Suchen Sie sich kritische Stimmen, die Sie selbst sehr schätzen, die Ihnen nicht nach Ihrer Nase reden. Und seien Sie nicht eingeschnappt, wenn Sie kritische Worte hören, denn nur mit Kritik haben Sie die Möglichkeit, sich selbst weiter zu entwickeln. Alles andere bringt Sie keinen Schritt weiter.

Bei diesen Gesprächen erfahren Sie, wie Sie Ihre künftigen Kunden richtig voran bringen und worin der wahre Mehrwert liegt. Bedenken Sie immer, wenn Ihr künftiger Kunde von Ihnen, Ihren Produkten oder Ihren Dienstleistungen noch nichts Positives gehört hat, dann haben Sie es sehr schwer, bei diesen Kunden durchzudringen, bzw. zu einer Angebots- oder Kaufsituation zu kommen.

Das Gesamtbild der Reputation ist Ihr Image. Und je besser das Image, umso leichter ist es attraktive Preise am Markt durchzusetzen. Reputation = hohe Preisakzeptanz.

4.3 Das Gespräch

Es spielt keine Rolle, ob Sie nur eben kurz ein erstes Gespräch am Telefon führen möchten, oder ob Sie einen Termin zu einem ersten Gespräch haben. In jedem Fall bereiten Sie sich schriftlich vor und haben sich zu folgenden Fragen Ihre Gedanken gemacht. Die Fragen aufgeschrieben und das alles schriftlich skizziert oder in eine Gesprächsmatrix eingetragen.

In der Vorbereitung auf Ihr Gespräch erinnern Sie sich an die Vorbereitungen, die in dem Kapitel Vorbereitungen beschrieben sind. Kleidung, Aussehen, etc.

Punkt eins
Ihr Ergebnis nach dem Gespräch: Welches Ergebnis werden Sie nach dem Gespräch haben?

Nehmen Sie sich ein für Sie attraktives Ergebnis vor. Seien Sie dabei weder überheblich noch zu bescheiden. Und vor allem sehr ehrlich:

Was wäre, nach einem ersten Gespräch, mit einer Ihnen eventuell unbekannten Person, ein für Sie exzellentes Ergebnis?

Dazu ein Gedankenanstoß: In vielen Fällen ist es durchaus möglich, in einem ersten Gespräch einen Geschäftsabschluss zu erzielen (siehe dazu auch den Abschn. 4.2.1).

Selbst wenn Sie ein Investitionsgut verkaufen, was völlig unmöglich ist, dass sich Ihr Kunde im ersten Gespräch für Sie entscheidet, dass er Ihnen einen Blankoauftrag unterschreibt, so kann er sich mental dafür entscheiden mit Ihnen zu arbeiten. Oder er kann einen Vorvertrag mit Ihnen abschließen. Oder Sie haben ein Beratungsprodukt, wie einen Workshop, eine Analyse, ein Planungsprodukt, dass Sie gemeinsam mit dem Kunden für das Produkt/Projekt/ ... vornehmen. Somit stellt die Investitionsentscheidung für den Kunden ein machbares, kalkulierbares und vor allem akzeptables Preis- /Risikogefüge dar. Für dieses Produkt kann er sich sofort entscheiden. Und Sie wissen, was dem Kunden wichtig ist, damit Sie die Chance haben, auch Ihr Investitionsgut oder Ihr gesamtes Produktportfolio zu verkaufen.

In sehr vielen Branchen ist das eine sehr gute Möglichkeit, durch ein „vorgeschaltetes Produkt", wie z. B. einen Workshop, eine Analyse oder ähnliches, den Kunden sofort zu einem Auftrag zu gewinnen.

Außerdem haben Sie einen unschätzbaren Nebennutzen und das auf beiden Seiten. Sie lernen einander kennen, ohne dass Sie in dieser Phase schon voneinander abhängig sind. Gerade dann, wenn Ihr Projekt/Produkt/die hochpreisige Dienstleistung unmittelbar zu einem Erfolg führen muss. Und für Sie, Sie lernen den Kunden wesentlich besser einzuschätzen und wissen, was seine wirklichen Beweggründe sind, um mit Ihnen zu arbeiten. Was treibt ihn an? Was bewegt ihn in seiner Branche und wo können Sie dafür sorgen, dass er besser wird und sich stark vom Wettbewerb absetzt.

Haben Sie den Mut, setzen Sie sich ein für Sie attraktives Ziel, dass Sie im ersten Gespräch erreichen werden.

Mein Ergebnis ist: _____

Punkt zwei

Bereiten Sie die Fragen vor, die Sie von Ihrem Kunden beantwortet haben möchten. Die, die Ihnen wichtig sind, damit Sie Ihr Produkt/Ihre Dienstleistung so platzieren, dass Ihr potenzieller Kunde die größte mögliche Wertschöpfung hat. Dazu versetzen Sie sich in die Lage Ihres potenziellen Kunden und schauen mit seinen Augen und Gedanken auf die Fragen, die Sie ihm stellen wollen. Sie nehmen also einen Blickwechsel vor. Je öfter Sie das machen, umso mehr, schneller und präziser werden Sie in der Vorbereitung der Gespräche sein.

Frage Eins

Wo bringt Sie dieser potenzielle Kunde weiter?

Warum wollen Sie unbedingt mit diesem Kunden/diesem Unternehmen arbeiten?

Was versprechen Sie sich davon?

Wo wird Sie dieser Kunde in Ihrer persönlichen Karriere weiterbringen?

Welchen Vorteil versprechen Sie sich von einem Auftrag, den Sie von diesem Kunden bekommen werden?

Und da ist das Thema Motiv: Was treibt Sie an, mit diesem Kunden unbedingt arbeiten zu wollen? Je stärker Ihr Motiv, umso hartnäckiger und brillanter sind Sie in Ihrer Vorbereitung. Was sind Ihre starken Motive?

Beispiele

Sie möchten dieses Unternehmen unbedingt in Ihrem Portfolio haben, weil es eine Referenz für Sie bedeutet, mit der Sie die gesamte Branche im Sturm erobern.

Oder, Sie schätzen an diesem Unternehmen besonders, wie es mit den Mitarbeitern und Kunden umgeht. Es hat einen exzellenten Ruf und diesen Effekt können Sie aufgrund Ihres Angebotes noch verstärken.

Oder es liegt Ihnen am Herzen, dass es dem Unternehmen leichter fällt in Ihrem Angebotsbereich, Gewinne, oder andere Parameter zu erwirtschaften.

Machen Sie sich klar, warum Sie unbedingt mit diesem Unternehmen, für dieses Unternehmen arbeiten möchten:

Ja, ich will für das Unternehmen _____ unbedingt arbeiten,
weil mich dieser Kunde:

_____

_____

in diesen Punkten weiter bringt.

Je nachdem, was Ihr Beweggrund ist, so können Sie diesen im Gespräch auch gerne nennen.

Mögliches Formulierungsbeispiel (sinngemäß, bitte verwenden Sie unbedingt Ihre eigenen Worte):

„Herr … /Frau …, wenn wir gemeinsam das … umsetzen, dann verspreche ich Ihnen, dass ich mit all meiner … dafür sorgen werde, dass Sie dort und dort … wesentlich besser sein werden, als andere vergleichbare Unternehmen in Ihrer Branche. Das ist mein innerster Antrieb. Darum liegt es mir sehr am Herzen, dass wir künftig eng zusammenarbeiten."

Frage zwei
Warum sollte der Kunde Ihnen seine wertvolle Zeit opfern, um sich anzuhören, was sie ihm anbieten wollen?

Versetzen Sie sich wieder in die Lage Ihres potenziellen Kunden. Sie sitzen gerade an seinem Arbeitsplatz oder sind in der Produktion oder wo auch immer sich Ihr potenzieller Kunde in seinem Unternehmen aufhält. Und jetzt ruft so jemand wie Sie an, stört natürlich den aktuellen Arbeitsablauf und die Konzentration. Und Sie sollen diesem Störenfried Ihre kostbare Zeit opfern. Das gilt in abgeschwächter Form genauso für persönliche Gespräche, da ist zwar ein Termin vereinbart, aber Ihr Gesprächspartner fragt sich oft, ob diese Zeit nicht klüger woanders investiert wäre.

Also, was ist Ihr unwiderstehlicher Nutzen, den Sie diesem Kunden bieten? Das, wenn Ihr potenzieller Kunde darauf verzichtet, er einen immensen Nachteil für sein Unternehmen hat. Oder wenn er mit Ihnen arbeitet, einen großen Vorsprung vor dem Wettbewerb haben wird.

Für meinen potenziellen Kunden wird sich, bei der Zusammenarbeit mit mir, folgendes gravierend verändern:

_____

_____

Vielleicht können Sie an dieser Stelle auch mit einer Zahl arbeiten. z. B. Ihr Kunde wird eine Ersparnis von

_____%

oder eine Steigerung des Umsatzes/der Kundenzufriedenheit von _____% haben.

Oder, er bekommt _____ neue Kunden/neue Kontakte hinzu.

Welcher Wert ergibt sich für Ihren Kunden, wenn Sie dieses Projekt mit ihm umsetzen?

_____

Natürlich muss das für Ihren Kunden glaubwürdig und vor allem umsetzbar sein. Trauen Sie sich zu, diesen Wert einzusetzen, ihn zu nennen und geben Sie Ihrem potenziellen Kunden eine „Zusage", dass sich sein Unternehmen in Bezug auf diesen Wert verbessern wird.

Im zweiten Schritt erklären Sie, wie Sie das machen werden. Bleiben Sie transparent und nehmen Sie Ihren Kunden mit auf die Reise. Denn der möchte wissen, mit welchen Methoden, Ressourcen und Erfahrungen Sie in der Lage sind, die versprochenen Ergebnisse zu erzielen.

Mögliches Formulierungsbeispiel (sinngemäß, bitte verwenden Sie unbedingt Ihre eigenen Worte):

„Die Erfahrung aus _____ Projekten hat gezeigt, dass wenn Sie so und so vorgehen, ähnliche Kunden wie Sie eine Steigerung/Einsparung/ _____ um _____ % / _____ Kosten hatten.

Oder, ähnliche Unternehmen, wie das Ihrige, waren überrascht, dass sich diese Einsparung innerhalb von _____ Monaten wirklich realisieren ließ."

Ihre Angaben sollten belegbar und sollten natürlich durch Referenzen nachweisbar sein, denn Ihr potenzieller Kunde kann auf die Idee kommen und bei einer Ihrer Referenzen nachfragen, ob dem so ist.

Frage Drei

Was verändert sich für Ihren Gesprächspartner?

Wo hat dieser einen unmittelbaren persönlichen Vorteil?

Oder was möchte Ihr Gesprächspartner mit dem Produkt/ihrer Dienstleistung wirklich für sich/sein Unternehmen erreichen?

Nur wenn sich für jemanden durch Ihre Leistung etwas verändert, ist Ihre Leistung so attraktiv, dass Ihr Gesprächspartner dafür bereit ist, Geld auszugeben oder den Vertrag zu unterschreiben.

Bespiel

Wenn Sie gerade ein neues Auto gekauft haben und damit völlig zufrieden sind, so muss schon sehr viel passieren, dass sie sich ein weiteres Auto zulegen. Es sei denn, Sie sind Autohändler, passionierter Sammler oder haben einen anderen Grund, Autos zu sammeln.

Ihr potenzieller Kunde benötigt eine starke Triebfeder, damit dieser einen Auftrag zu Ihren Gunsten auslöst. Was ist das in Ihrem Fall? Was treibt Ihren Kunden dazu, sich auf Ihr Angebot einzulassen? Haken Sie nach, fragen Sie, oder formulieren Sie ein attraktives Ziel.

Mögliche Formulierungsbeispiele (sinngemäß, bitte verwenden Sie unbedingt ihre eigenen Worte):

„Was wäre für Sie ein attraktives Ergebnis, wenn wir zusammen arbeiten/das Projekt abgeschlossen ist?"

„Natürlich haben Sie in diesem Bereich schon einige Firmen, mit denen Sie jetzt zusammenarbeiten. Was müsste sich für Sie ändern, damit Sie sagen, lassen Sie uns einen Versuch starten?"

„Stellen Sie sich vor, jeder Ihrer Kunden geht aus Ihrem Geschäft, entweder hat er was gekauft, oder er hält ein Angebot in seinen Händen. Und das auch, in den Zeiten, in denen bei Ihnen Hochsaison ist."

Zum Arzt gehen sie auch nur, wenn Sie Schmerzen haben oder unter anderen Symptomen leiden. So ist es auch bei Ihren Kunden. Das, was Sie anbieten, löst bei Ihren Kunden diesen Schmerz auf/stellt ihn gesellschaftlich besser/sichert seinen Arbeitsplatz oder die Daseinsberechtigung seiner Firma/verschafft ihm einen Vorteil/oder oder oder ... In jedem Fall verbessert sich die Situation für Ihren Kunden, sonst kauft dieser Ihr Produkt oder Ihre Dienstleistung nicht.

Meinen Kunden treibt:

_____

Wenn Sie feststellen, dass Sie heute bei Ihrem potenziellen Kunden nichts verbessern können, dann ist das so. Haken dran, der Kontakt kommt in Ihre erstklassige Marketingroutine, wird weiter bespielt, aber nicht intensiv betreut, weil derzeit da für Sie einfach nichts zu bewegen ist.

Frage Vier

Bis zu welcher Höhe darf Ihr Kunde Ihre Produkte und Dienstleistungen einkaufen?

Welche Entscheidungskompetenz hat er?

Ist er der Entscheider, oder trägt er Ihr Angebot an einen Entscheider weiter?

Ein wichtiger Aspekt, den viele Verkäufer entweder vernachlässigen oder sich nicht trauen zu fragen, ist, zu welchen Konditionen angeboten werden oder in welchem Rahmen der gegenübersitzende Gesprächspartner entscheiden darf. Klären Sie das im ersten Gespräch. Auch wenn Sie das Gefühl haben, dass Sie mit den Konditionen für Ihre Produkte und Dienstleistungen dann nicht zurecht kommen sollten. Sie drehen keine unnötigen, kostbaren und vor allem zeitraubenden Schleifen, um zu einem Abschluss zu kommen.

Die zwei Typen, die für die Einschätzung einer Entscheidungskompetenz wichtig sind:

Typ eins = Zuarbeiter, Multiplikator, Einkäufer, Assistent, etc.

Der- oder diejenige holt die Angebote für ein Projekt etc. ein, entscheidet aber nicht selbst darüber, ob der Auftrag erteilt wird oder nicht.

Woran merken Sie das?

Zum Beispiel bei den Fragen wie: „Zu welchen Konditionen kaufen Sie bisher ähnliche Waren oder Dienstleistungen ein?" oder „Wie hoch ist Ihr maximales Budget?" oder „Zu welchen Konditionen kommen wir miteinander ins Geschäft?" und ähnliche, kann es sein, dass Ihr Gesprächspartner Ihnen ausweicht – „… machen Sie uns einmal ein Angebot, dann sehen wir weiter." oder nur vage Angaben macht. Sie können auch direkt fragen: „Wer wird denn nachher meinen Auftrag bei Ihnen abzeichnen?" Kommt dann die Antwort, dass es jemand anders ist, der Teamleiter, der Abteilungsleiter, der Chef oder wer auch immer, dann sollten Sie genau erfragen, wer das ist und um die Kontaktdaten, sowie die Möglichkeit bitten, diesen kurz zu sprechen. Das muss nicht sofort sein, das kann auch im Nachhinein sein, wenn Sie das Angebot erstellen.

Warum ist das so wichtig? Derjenige, der das Angebot unterschreibt, hat unter Umständen ein anderes Ziel im Auge, was er mit Ihren Produkten oder Dienstleistungen erreichen möchte, als Ihr Gesprächspartner. Diese Motive sollten Sie kennen, wenn Sie das Angebot machen. In den meisten Fällen, in denen Sie nicht mit dem Ansprechpartner sprechen, bekommen Sie keinen Auftrag.

Zum einem, weil es keine emotionale, persönliche Verbindung zu Ihnen gibt und weil Sie die Handlungsmotive des Entscheides nicht in Ihrem Angebot berücksichtigt haben. Es ja auch nicht konnten, weil Sie diese Motive nicht kannten. Sie können es für sich selbst sogar so entscheiden, dass wenn Sie den Entscheider nicht gesprochen haben, Sie gar kein Angebot abgeben. Klingt hart, und es gibt sicherlich Ausnahmen, wie immer, es wäre allerdings eine sehr effiziente Maßnahme, um nicht unnötig Zeit und Ressourcen in Phantom-Angebote zu investieren.

Ein Entscheider hat außerdem einen finanziellen Spielraum, in dem dieser sich für Sie entscheidet. Er hat eine Obergrenze für die angefragte Leistung und er hat auch eine

Untergrenze, in dem er es nicht mehr zutraut, dass die angefragten Leistungen mit der entsprechenden Qualität umsetzbar sind.

Im Gespräch kann das so aussehen: „Wahrscheinlich liegt der Kostenrahmen für Sie um die _____ Euro." An der Reaktion sehen Sie sofort, ob es passt oder nicht. Wenn Sie dann zusätzlich fragen: „Liegt das ca. in dem Rahmen, den Sie sich vorgestellt haben?" (Bitte verwenden Sie die Formulierungen, die für sie passend sind), so bekommen Sie in den meisten Fällen eine verbindliche Antwort.

Ein Zuarbeiter kann Ihnen diese Frage oftmals nicht direkt beantworten.

Typ zwei = Entscheider

Super. Der Entscheider ist immer die beste Wahl im Gespräch. Darum sollten Sie im Vorfeld die Energie darauf verwenden, dass dieser möglichst mit am Tisch sitzt, oder Sie ihn am Rande des Gesprächs treffen und sprechen können. Oder die Chance haben, nach einem Gespräch, diesen noch kurz kennen zu lernen.

Der Entscheider hat drei für Sie wesentliche Informationen, die Sie benötigen, um erfolgreich den Auftrag zu platzieren.

Erstens

Zu welchem Zeitpunkt soll es losgehen, bzw. geliefert werden. Achten Sie darauf, dass das klar definiert ist und dahinter ein Handlungsdruck steckt. Kein Handlungsdruck = kein oder ein geringes Motiv, sich für Ihr Angebot in einem für Sie attraktiven Zeitraum zu entscheiden.

Zweitens

Was soll Ihr Produkt oder Ihre Dienstleistung bei Ihrem Kunden wesentlich verbessern? Das ist Ihr Metier, Ihre Spielwiese. Hier können Sie die Erwartungen Ihres Kunden übertreffen oder sollten diese zumindest erfüllen.

Dafür haben Sie natürlich Ihre Referenzen, welche ähnlich passenden Projekte Sie in diesem Bereich schon umgesetzt haben, parat. Selbst wenn Ihr potenzieller Kunde nicht danach fragt, sagen Sie selbstbewusst, welche ähnlichen Projekte Sie mit welchen Ergebnissen für Ihre Kunden bereits umgesetzt haben. Das untermauert, dass Sie für diesen Kunden der ideale Partner sind. Denn Sie wissen nicht, was Ihre Wettbewerber an Argumenten und Referenzen ins Feld geführt haben, um die Entscheidung für sich zu beeinflussen.

Für Ihren Kunden muss sich im Verhältnis zum heutigen Stand immer etwas verbessern. Je besser Sie das ihm darstellen und dann beweisen können, umso höher die Chance, dass Sie im ersten Gespräch Ihren Auftrag auch machen. Selbstverständlich müssen Ihre Angaben realistisch sein. Allerdings denke ich, dass das für Sie selbstverständlich ist.

Mein Angebot darf im Rahmen von: _____

bis maximal: _____ Euro liegen.

Drittens

In welchem Preisrahmen dürfen Sie Ihr Produkt oder Ihre Dienstleistung anbieten? Ein Entscheider hat immer einen Entscheidungsspielraum. Das heißt, einen minimalen Preis, zu dem er einkauft und einen maximalen Preis, den er bereit ist zu zahlen (siehe auch Absatz zuvor). Im besten Fall haben Sie vorab diese Information von einem Kollegen oder Lieferanten bekommen, was dieser Kunde bereit ist zu zahlen. Haben Sie keine Scheu und fragen Sie in Ihrem Netzwerk, wer schon einmal für diesen Kunden gearbeitet hat und zu welchen Konditionen dieser bereit ist, Leistungen und Produkte zu zahlen. Und in welchem Zeitraum Rechnungen beglichen werden. In jedem Fall haben Sie für sich Ihren Preis für diesen Kunden festgelegt, natürlich mit einer Sicherheit nach unten, für Sie selbst.

Sollte Ihr idealer Kunden nicht nach den Konditionen fragen, so versuchen sie immer diese im Gespräch zu erfahren. Im Gespräch können Sie sagen: „Bei ähnlichen Projekten haben wir … zu … Konditionen gearbeitet." oder eine ähnliche Formulierung. Dann sind Sie im Zielfokus, was Sie haben möchten, ohne den Kunden direkt angesprochen zu haben. Jetzt kann Ihr potenzieller Kunde sagen; bei uns ist das auch so, oder er nennt Ihnen seine Konditionen. Das ist wichtig, denn so liegt Ihr erstes Angebot bereits in einem für Ihren Kunden akzeptablen Rahmen und Sie sparen sich eventuelle Verhandlungsphasen und kommen schneller zum Abschluss.

Es kann sogar sein, dass, wenn die Konditionen klar sind, Sie dann kein Angebot mehr schreiben, sondern gleich die Auftragsbestätigung diesen Kunden zusenden. Das heißt, Sie haben den Abschluss gemacht. Haben Sie den Mut, das so zu machen. Sie werden überrascht sein, wie oft es Ihnen gelingt, die Angebotsphase zu überspringen und gleich zum Auftrag zu kommen. Hierfür sind auch die „vorgeschalteten" Produkte, wie Workshops/Analysen etc. wichtig (siehe Anmerkungen im Abschn. 4.1).

Frage fünf

Was wären für Sie noch weitere, sehr nützliche Informationen, die Sie sehr gerne in einem ersten Gespräch haben wollen?

Zum Beispiel, was wären für Sie noch wertvolle Informationen, für weitere Aufträge oder für Partner, mit denen Sie zusammen arbeiten und die Sie in diesem Unternehmen gerne platzieren möchten, um eventuell weitere Zugänge und Kontakte zu bekommen?

Oder Sie wissen, dass Ihr Kunde innerhalb der Branche erstklassig vernetzt ist und Sie möchten Zugang zu diesem Netzwerk bekommen. Dann könnten Sie fragen, wann und in welcher Form regelmäßige Veranstaltungen stattfinden.

Viele Netzwerke haben bei ihren Treffen die Möglichkeit, dass Sie als Aussteller mit dabei sein dürfen. Und bei einigen ist es so, dass Sie außerdem noch die Möglichkeit haben, einen Vortrag zu halten, um so auf Ihre Expertise aufmerksam machen zu können. Sollte das möglich sein, so überlegen Sie sich für die Veranstaltung eine Aktion, dass Sie möglichst an viele Kontakte z. B. auf einer Messe kommen. Bei Ihren Vorträgen könnten Sie etwas für Ihre Kunden auslegen, das Ihren Kunden nützt.

Oder Sie geben Ihren potenziellen Kunden etwas, das diese dazu antreibt, zu Ihnen an den Messestand kommen zu müssen, um es einzulösen. Oder ein Gewinnspiel, oder etwas Ähnliches. Die Aktion sollte so gestaltet sein, dass die potenziellen Kunden auf sie zukommen, sie damit eine Art Sog erzeugen.

Eine weitere zusätzliche Information kann auch sein, dass Sie sehen, welche Fachzeitungen Ihr Kunde liest. Sollten Sie für sich und Ihre Produkte und Dienstleistungen Pressearbeit machen, so können Sie versuchen, in diesen Medien mit eigenen Artikeln zu punkten. Es gibt sehr viele Fachzeitungen und alle möchten möglichst kostenfrei an Inhalte kommen. Nutzen Sie das für sich aus.

Oder möchten Sie eventuell einen weiteren, direkten Kontakt zu einem möglichen neuen Kunden? Auch das ist möglich, hören Sie im Gespräch genau hin, wo eventuell Ihr Gesprächspartner vorher gearbeitet hat, und wenn dieser Kunde bei Ihnen auf der Zielkundenmatrix steht, dann fädeln Sie es geschickt ein, dass Sie einen Kontakt dahin bekommen. Oder Sie notieren es sich, und holen sich die Informationen in einem späteren Gespräch.

Diese Informationen hätte ich gerne von meinem Kunden:

Frage sechs

Was wäre ein sinnvoller nächster Schritt?

Kein Gespräch ohne eine verbindliche Vereinbarung, was als nächstes umgesetzt wird. Beenden Sie kein Gespräch ohne diese Verbindlichkeit geschaffen zu haben. Nur so kommen Sie an Ihr Ziel. Und Sie sehen auch gleich, wie ernst es Ihr Gesprächspartner mit Ihnen meint. Gehen Sie innerlich davon aus, dass es beim nächsten Kontakt darum geht, wann das Projekt umgesetzt wird, oder zu wann die Produkte geliefert werden.

Wie schon in der Vorbereitung erwähnt, Sie stellen gar nicht in Frage, dass Sie miteinander arbeiten werden, sondern Sie gehen davon aus, dass Sie zusammen arbeiten. Dementsprechend fällt Ihre Abschlussfrage auch beispielsweise so aus: „Zu wann denken Sie, können wir mit dem Projekt beginnen?" oder „Zu welchem Datum passt Ihnen die Lieferung am besten zur weiteren Verarbeitung?" oder „Zu wann werden Sie sich entschieden haben?" oder ähnlich. Das Schöne daran, Ihr Kunde liefert Ihnen jetzt zu. Und sollte er die geschlossene Vereinbarung nicht einhalten, so haben die meisten Kunden ein schlechtes Gewissen und fühlen sich in Ihrer Schuld. Auch wenn das eventuell etwas übertrieben erscheint, in vielen Fällen laufen die Verhandlungsprogramme sehr ähnlich ab.

Der sinnvolle nächste Schritt ist:

Fazit

Natürlich müssen Sie nicht alle Fragen stellen, sondern nur die, die für sie relevant sind. Oder die, die zu Ihnen passen. In jedem Fall sind Sie schriftlich vorbereitet und es ist für Sie klar, mit welchem Ergebnis Sie aus dem Gespräch gehen werden.

Selbstverständlich kann es in der Realität ein anderes Ergebnis sein, als das was Sie sich vorgenommen haben, aber Sie werden mit einem Ergebnis aus dem Gespräch gehen und nicht nur mit einer vagen Idee, ob und wie Sie mit dem potenziellen Kunden etwas zusammen machen könnten.

Literaturhinweis: Wenn Sie dazu mehr wissen möchten, so empfehle ich Ihnen meinen Kollegen Stephan Heinrich, der für viele Branchen und Bereiche die Gesprächslandkarte entwickelt hat. Diese wird in verschiedenen Formulierungen und Gesprächssituationen angewendet.

4.4 Die Gesprächs-Nachbereitung

Die Nachbereitung nach dem Gespräch gehört als wesentliches Element zum Erfolg des geführten Gesprächs und dient ebenfalls dazu, den Auftrag zu gewinnen. Viele Verkäufer machen sich nicht die Mühe, ein Gespräch intensiv oder mit überraschenden Elementen nachzuarbeiten.

Dazu eine Simulation: Stellen Sie sich vor, Sie sind der Kunde. Sie hatten mit einem Lieferanten ein richtig gutes Gespräch. Er hat es geschafft, Ihr Interesse zu erzeugen und Sie sind neugierig darauf, was weiter passiert.

Was würde Sie nach so einem Gespräch positiv überraschen/beeindrucken?

Was müsste passieren, damit dieser Dienstleister/Lieferant wie ein Leuchtturm aus all den geführten Gesprächen herausragt?

Es kann natürlich sein, dass Sie im Anschluss an das Gespräch ein Angebot oder eine Auftragsbestätigung versenden. Digitale Informationen und Unterlagen versenden die meisten Verkäufer nach einem Gespräch. Sie können das aber wesentlich verstärken, durch den zusätzlichen Versand ihres Angebotes/der Auftragsbestätigung auf dem Postweg.

Diese Postaussendung können Sie ganz einfach als Verkaufsverstärker nutzen. Denn die Aussendung bedient zusätzliche Sinneskanäle, wie die haptische, das visuelle oder das olfaktorische. Nutzen Sie die Möglichkeit der noch individuelleren Kundenansprache und vertiefen Sie so die persönliche Beziehung.

Was würde Sie positiv überraschen?

Was wirft ein professionelles Licht auf Ihre Leistungen?

Wie können Sie Ihre erstklassigen Leistungen unterstreichen?

Womit können Sie sich in die Pole-Position bringen?

Hier ein paar Ideen, die in der Praxis sehr erfolgreich waren:

- Legen Sie eine kleine Überraschung mit bei. Das kann ein Give-away sein, oder etwas, worüber Sie sich im Gespräch unterhalten haben.
- Eine Einladung zu einer besonderen Veranstaltung, die Sie nur für ausgewählte Kontakte machen.
- Eventuell gibt es auch die Möglichkeit Proben/Muster beizulegen.
- Oder Fachbücher, die entweder Sie geschrieben haben oder die Sie einmal erworben haben und die eventuell eine persönliche Widmung des Autors haben.
- Oder andere nützliche Informationen, wie Zeitungsartikel, Fachartikel, die zum Gesprächsinhalt passen.

Denken Sie an der Stelle ein klein wenig um die Ecke und immer im Sinne und mit dem Blickwinkel Ihres künftigen Kunden.

Oder wenn Sie das Angebot via Mail versenden, senden Sie zusätzliche Informationen aus der Branche, zum Produkt oder einen Testbericht mit. Oder Sie werten Ihre Nachbereitung auf, in dem Sie gleich einen Projektplan erstellen, oder ein Protokoll aus dem Gespräch oder eine speziell ausgearbeitete Präsentation mitsenden.

Verzichten Sie nicht auf dieses Element. Gerade beim ersten Kontakt, und wenn Sie aus mehreren Lieferanten ausgewählt werden sollen, kann das den entscheidenden Unterschied machen. Denn Sie zeigen hiermit Respekt und bieten gleich eine Idee von der Qualität ihrer Arbeit. Außerdem zeigen Sie dem Kunden, dass dieser Ihnen wichtig ist.

Machen Sie sich Gedanken, wie Sie Ihren erstklassigen persönlichen Eindruck aus dem Gespräch verstärken können. Die wenigsten Verkäufer machen sich diese Gedanken. Sie denken, dass es reicht, einen guten Eindruck zu hinterlassen und ein preislich passendes Angebot abzugeben. Die Welt, in der wir heute arbeiten, wird jedoch immer komplexer.

Wenn Sie z. B. ein erstklassiges Netzwerk haben, von dem Ihr Kunde profitieren kann, lassen Sie es ihn wissen.

Wenn Sie Zugang zu weiteren Produkten und Dienstleistungen haben, die Ihrem Kunden unmittelbar nutzen, lassen Sie es ihn wissen.

In der heutigen Zeit einen Mehrwert zu erzeugen ist wichtiger denn je. Die Geschäftswelt wird immer komplexer und jeder sucht eine Orientierung. So schaffen Sie einen weiteren Vorteil für Ihren Kontakt und entwickeln ihn zu Ihrem potenziellen Kunden. Fast jeder Mensch ist neugierig, nutzen Sie diese Eigenschaft für sich aus.

Kreativliste. Was würde Ihre Kunden überraschen/begeistern?

_____

_____

_____

_____

Außerdem erweitern Sie ständig Ihr Netzwerk. Vernetzen Sie sich mit Ihren Kontakten auf XING, LinkedIn oder anderen Netzwerken, nach dem Termin. Bedanken Sie sich für die gegenseitig respektvoll entgegengebrachte Zeit und die Möglichkeit, sich und Ihre Produkte und Leistungen vorstellen zu können.

Tragen Sie alle notwendigen Informationen in Ihre Datenbank ein. Pflegen Sie gleich die richtigen Marketinginformationen ein.

Wann wollen Sie wieder anrufen/schreiben/soll sich der Kunde sich melden etc.

Was möchten Sie dem Kunden regelmäßig zusenden? Weihnachtskarte, Neujahrskarte, Osterpräsent, Geburtstagskarte, etc.

Welche Newsletter darf Ihr Kunde bekommen? Natürlich nur, wenn Sie das schriftlich mit dem potenziellen Kunden vereinbart haben.

Zu welchen Events möchten Sie Ihren potenziellen Kunden künftig einladen? Eigene Wissensevents, Kundenveranstaltungen, Tagungen etc.

Was ist Ihnen bei der Nachbearbeitung noch wichtig?

_____

_____

_____

_____

Die Nachbereitung gehört zum Gespräch dazu. Es ist ein wichtiges Element und hier haben Sie sogar die Möglichkeit, sollte das Gespräch nicht optimal gelaufen sein, oder Sie das ein oder andere vergessen haben, noch nachzuarbeiten. Oder Sie können das ein oder andere wieder glatt bügeln. Heben Sie sich aus dem Masse derjenigen, die als Lieferanten/Partner angefragt wurden, hervor. Dieser kleine Gedanke mehr kann den großen Unterschied machen.

4.5 Der sinnvolle nächste Schritt

Wie geht es mit Ihrem Kontakt jetzt weiter?

Diese Frage wird idealerweise noch im Gespräch beantwortet. Sie beide legen verbindlich fest, wer als nächstes was für einen Schritt macht. So kann es sein:

Dass Ihr Gesprächspartner Ihnen Unterlagen zur Verfügung stellt, damit Sie etwas ausarbeiten oder ein Angebot machen können.

Ebensogut kann es sein, dass Sie alle Informationen haben und bereits jetzt ein Angebot erstellen können.

Oder im besten Fall der Fälle, Sie haben den Auftrag direkt bekommen und können mit Ihrer Arbeit, nach der Auftragsbestätigung loslegen.

Oder Sie arbeiten gleich ein Konzept aus.

Oder dürfen eine bezahlte Präsentation halten.

Ein weiterer nächster Schritt kann sein, dass Ihr Kunde einen Testzugang oder ein Testprodukt bekommt.

Oder eine Referenz von einem ähnlichen Projekt genannt bekommt, zu einem Kunden den er anrufen kann.

Oder, oder oder _____

Denken Sie immer daran, dass Sie als Verkäufer den Kunden führen. Seien Sie sich dessen immer bewusst. Der Kunde bezahlt Sie nicht nur für Ihre Produkte und Ihre Dienstleistungen, sondern auch dafür, dass Sie den Kunden sicher durch die Projekte/durch den Kauf führen. Denn Sie sind der Profi. Sie machen solche und ähnliche Projekte am laufenden Band, während Ihre Kunden diese Art von Projekten/Käufe entweder hin und wieder oder sogar nur sehr selten machen. Sie sind in der Rolle des verantwortungsvollen Beraters und Verkäufers. Gehen Sie umsichtig mit den Ressourcen ihrer Kunden um.

Denn für diese Rolle genießen Sie bei Ihren Kunden eine hohe Reputation. Die Kunden vertrauen Ihnen und so sind sie kein austauschbarer Anbieter, sondern eher ein Partner für Ihre Kunden.

Referenzen, Testprodukte oder Testzugänge verstärken Ihre Kompetenz. Sie sind der erste Ansprechpartner für Ihre Kunden und unterstreichen, dass Sie als echter Partner für Ihre Kunden unterwegs sind und nicht nur mal eben ein „Geschäft machen wollen".

Eine weitere Erkenntnis kann sein, dass Sie aktuell nicht mit Ihrem Ansprechpartner ins Geschäft kommen. Weil einfach kein Bedarf ist. Dann haben Sie sicherlich einen weit in der Zukunft liegenden Termin vereinbart, der von Ihrem potenziellen Kunden vorgeschlagen worden ist. Zu wann werden Sie den roten Faden aus Ihrem Gespräch wieder aufnehmen? Und Sie werden in der Zwischenzeit öfter an Ihren Gesprächspartner denken, und wenn Ihnen passende Informationen aus der Branche über den Weg laufen, dann senden sie diese ihrem Gesprächspartner einfach zu. Das können z. B. Studien sein, die für die Branche relevant sind, dass können Hinweise auf Unternehmensverkäufe oder Fusionen sein, die für Ihren Kunden sehr interessant sind. Oder Standortveränderungen in der Branche, die sich auf Ihr angepeiltes Geschäft auswirken können.

Je stärker Ihr Netzwerk, umso einfacher ist es für Sie, Nutzen für Ihren Kunden zu stiften, der über einen einfachen Auftrag hinausgeht.

Außerdem können Sie auch mit anderen Partnern Formate kreieren, um mit Kunden intelligent und effektiv in Kontakt zu bleiben. So können Sie diverse Veranstaltungen über ein Jahr positionieren, dass Sie Ihre Themen, die Sie bei Ihren Kunden positionieren wollen, darüber immer wieder charmant in Erinnerung bringen. Zusätzlich können Ihre potenzielle Kunden für Sie interessante Kontakte vermitteln, diese bekommen eventuell sogar weitere spannende Geschäftskontakte und so erweitern Sie beide nach und nach Ihr eigenes Netzwerk.

Wichtig beim nächsten Schritt ist, dass dieser von Ihnen initiiert wird, der Lösungs-vorschlag aber von Ihrem Kunden kommt. So hat dieser das Gefühl, die Fäden in der Hand zu haben und zugleich bekommen sie eine verbindliche Vereinbarung, bei der ihr Kunde nicht das Gefühl hat, dass sie den Druck auf ihn aufbauen, sondern er immer frei entscheiden kann.

Viel Freude beim Nachbereiten eines Gespräches und seien sie kreativ, es gibt keine Grenzen. Ihre Kunden werden es zu schätzen wissen.

4.6   Das Fazit – Die wichtigsten 5 Punkte

Punkt 1

Eine top schriftliche Vorbereitung inklusive Ihrem Wunschergebnis, was Sie in dem Ge-spräch erreichen möchten.

Punkt 2

Konzentriert, locker und professionell im Gespräch sein. Hoch flexibel reagieren und im-mer im Blick haben, was wird sich für den Kunden gravierend ändern, wenn dieser mit Ihnen/Ihrer Firma/Ihrer Produkten arbeitet. Seien Sie humorvoll, denn anstrengend kann jeder. Lockerheit signalisiert, dass Sie können, was Sie versprechen.

Humorvoll – damit sind nicht Witze gemeint, sondern eine hoch professionelle Ge-sprächsführung. Die mit intelligenten Worten starke Bilder im Kopf zu komplexen Inhal-ten so charmant beschreibt, dass sich ein Lächeln auf das Gesicht Ihres Gesprächspartners zaubert. Trainieren Sie das.

Punkt 3

Eine ungewöhnlich wertschätzende Nachbereitung, die Bestandteil des Gespräches ist. Hier können Sie durch eine extrem starke Aufmerksamkeit, Ihr Gesagtes oder Getanes oder Angebotenes aus dem Gespräch verstärken.

Viele Verkäufer nutzen diesen Punkt unzureichend. Punkten Sie hier mit einem exzel-lenten Service und einer herausragenden Kreativität.

Punkt 4

Der sinnvolle nächste Schritt legt die Grundlage für die qualitativ weitere Gestaltung der persönlichen Beziehung zu Ihren Kunden. Denken Sie daran, dass Ihr potenzieller Kunde auf Ihre Reputation achtet und entscheidet, ob Sie für ihn einen relevanten Vorteil bringen.

Wenn Sie können, veröffentlichen Sie Fachartikel, lassen Sie etwas von sich hören. Machen Sie sich auf eine angenehme Art und Weise bekannt und vor allem fundiert.

Punkt 5

Sehen Sie sich als langfristigen Partner für Ihren Kunden und verhalten Sie sich auch so. Seien Sie kreativ und brechen Sie mit bekannten Mustern, die in Ihrer Branche eventuell weit verbreitet sind.

Haben Sie Mut, sich aktiv zu vernetzen und scheuen Sie sich nicht, mit modernen Kommunikationsplattformen, wie XING, LinkedIn und auch Facebook aktiv auseinanderzusetzen, bzw. diese intensiv zu nutzen. Bauen Sie Ihr Netzwerk beständig aus. Das ist eine langfristige Arbeit, die Sie Stück für Stück machen. Unterschätzen Sie nicht die Kraft von persönlichen Netzwerken, denn sollten Sie im Verkauf einmal einen Zwischensprint benötigen, so geht das nur, wenn Sie ein belastbares und vor allem starkes Netzwerk haben, das Ihnen vertraut.

Vertriebseffizienz hat sehr viel mit dauerhafter, kontinuierlicher Vertriebs-Arbeit zu tun. Bauen Sie Ihr eigenes Expertentun auf. Verkaufen ist ein Marathon, wenn Sie effektiv sein wollen. Und die gute Nachricht, auf der Langstrecke geht vielen die Puste aus, außer Ihnen, denn Sie wissen, wie Sie sich Ihre Kraft einteilen können.

Bleiben Sie immer effizient.

Der Weg des stillen Verkäufers

5

Neue Ansätze in Marketing und Vertrieb: Für alle, die Kalt-Akquise nicht mögen
Kennen Sie das Wirtschafts-Buch „Die Mäuse-Strategie" von Spencer Johnson aus dem Jahre 1999 mit den beiden Mäusen und der Suche nach Käse? Darin geht es um zwei Mäuse, die bemerken, dass ihr Käse aufgefressen ist. Also müssen sie sich nun auf den Weg machen, neuen zu finden. Die Botschaft des Buches: Verlass deine Komfortzone, dann findest du neuen Käse.

Wie würde die Geschichte der Mäuse heute aussehen? In seinen Vorträgen stellt sich der Autor und ehemalige IBM-Master-Inventor Prof. Gunter Dueck stets dieser Frage. Wären sie immer noch auf der Suche nach neuem Käse? Würden sie bemerken, dass die neue Generation von Mäusen (nennen wir sie die „Digital Natives") keinen Käse frisst sondern Speck? Was würde mit unseren beiden Mäusen passieren, wenn es keinen Käse mehr gibt und Speck grässlich schmeckt?

Was in Duecks Vorträgen lustig klingt, hat einen sehr ernsten Hintergrund: Wenn es keinen Käse mehr gibt, werden die beiden Mäuse entweder sterben oder sie werden sich wohl oder übel an Speck gewöhnen müssen.

Wenn der Käse aus ist und die Mäuse nichts mehr zu fressen haben, kann sich jeder ausmalen, wie es dann weitergeht. Die Mäuse werden sicher zu Beginn schneller laufen, länger und intensiver suchen. Sich gegenseitig erklären, dass Speck ungenießbar ist und wenn sie nur lange genug darauf beharren, sie auch wieder Käse finden. Durch die rasant fortschreitende Digitalisierung in den letzten 15 Jahren ist eine ganz ähnliche Situation wie bei den Mäusen in Vertrieb und Marketing zu erkennen.

5.1 Erkennen Sie die Zeichen

Es gibt unzählige Zeichen rund um uns, die uns zeigen, dass sich der Markt verändert hat und dass die klassischen Verkaufstaktiken – Kalt-Akquise, Cold-Calling, Einwandbehandlung, Manipulationstechniken etc. – nicht mehr funktionieren.

© Springer Fachmedien Wiesbaden GmbH 2017
D. Fürtbauer et al., *Chefsache Vertriebseffizienz*, DOI 10.1007/978-3-658-12446-5_5

Wie unsere beiden Mäuse übersehen viele Verkäufer diese Zeichen der Zeit. Obwohl sie dies nicht ihr Leben kosten wird, sie werden davon beeinflusst – und dies zeigt sich in weniger Verkaufsabschlüssen, nicht funktionierenden Kundenbeziehungen, Stress und Müdigkeit.

Vielleicht hat Sie selbst ja z. B. eine Kundenbeschwerde oder der Verlust eines langjährigen Kunden dazu veranlasst, schon darüber nachzudenken, was man heutzutage braucht, um im Vertrieb erfolgreich zu sein. Vielleicht haben Sie gesehen, dass man mit den klassischen Taktiken mehr und mehr Energie benötigt, um dann doch weniger und weniger Kunden zu erreichen. Oder aber Sie spüren mehr Druck vom Management, Ihre Verkaufsziele zu erreichen.

Vielleicht haben Sie es satt, endlos nach Neukunden zu suchen. Das ist jedoch unvermeidlich, wenn Sie nur nach dem kurzfristen Verkaufserfolg schielen, statt nachhaltige Beziehungen aufzubauen. Vielleicht macht es Sie bei der Akquise krank, wenn Kunden einfach auflegen oder Ihnen unfreundlich sagen, Sie mögen nie wieder anrufen. Und möglicherweise ist der Druck, einen Deal abzuschließen, für Sie zu einem Albtraum geworden und Sie überreden einen Kunden zu seiner Unterschrift, bevor er wirklich bereit dazu ist – nur um Ihre „Quote" zu erfüllen.

Viele fühlen sich nicht ganz wohl dabei, wie „die Dinge im Vertrieb laufen". Denn die veralteten Verkaufstaktiken führen bei potenziellen Kunden oft zur Ablehnung, da diese das Gefühl haben, sie werden – wie alle anderen – gleich behandelt. Und nicht individuell . . .

Ihre potenziellen Kunden setzen voraus, dass sich alle im Vertrieb so verhalten – egal ob sie es tun oder nicht.

Kunden kennen alle diese Taktiken. Seit Jahren werden sie von den Verkaufsprofis benutzt, nur um deren Aufmerksamkeit zu gewinnen und den Deal abzuschließen. Daher werden Verkäufer per se als unangenehm und schleimig empfunden – bis sie uns vom Gegenteil überzeugen. Nicht nur, dass Kunden diese Taktiken voraussetzen, sie sehen es als Teil des Verkaufsprozesses.

5.1.1 Die Geburt der Verkaufsprofis

Laut dem Harvard-Professor Walter Friedmann ist das amerikanische Unternehmen NCR verantwortlich für die Entwicklung und Verbreitung vieler Verkaufstaktiken, wie wir sie heute kennen und anwenden.

John Patterson (1844–1922) war der Gründer von NCR (National Cash Register), einem Unternehmen für Registrierkassen und gilt als Erfinder vieler Verkaufsmethoden. Er etablierte in seinem Unternehmen eine hauseigene Verkaufs-Akademie. Eine der Kernelemente im Trainingsprogramm von NCR war das Verkaufs-Script, das Patterson entwarf. Dieses Script war die Basis für ein umfassendes Trainingsmanual, das Verkäufern zeigte, was und wie sie mit Kunden sprechen sollen. Anhand dieser Vorlage konnten die Verkäufer sich durch die vier Phasen jedes Verkaufes führen lassen, den Deal zu Ende bringen und so die Registrierkasse dem Kunden verkaufen.

Die Methoden von Patterson waren sehr detailliert und effizient. Unter anderem machte er sich Gedanken über diese Themen:

- Wie werden Einwände behandelt?
- Wie kann der Wettbewerber ausgehebelt werden?
- Wie wird das Verkaufsgespräch gelenkt, um den Kunden vom Kauf zu überzeugen?
- Wie steigert die „Quote" und die Kraft von Incentives die Leistung der Verkäufer?
- Mit seinem Verkaufsmanual gelang es Patterson seinen Verkäufern zu zeigen, wie sie auf subtile Art und Weise kraftvoll Druck ausüben konnten, umso mehr Umsatz zu erzielen.

Sein Manual lehrte eine große Anzahl von Abschlusstechniken, wie z. B.:

Nachdem Sie dem Kunden die Vorteile unseres Produktes präsentiert haben, er den Wert erkannt hat, aber nicht freiwillig kaufen will, gehen sie einfach davon aus, dass er jetzt kauft. Sagen Sie: „Herr Muster, welche Farbe soll ihre neue Registrierkasse haben?" oder „Wie schnell benötigen Sie ihre neue Registrierkasse?" Nehmen Sie den Auftrags-block heraus, füllen Sie ihn aus und schieben Sie ihn rüber zum Kunden mit den Worten: „Einfach hier unterschreiben."

Patterson war nicht der erste, der solche Skripts im Verkauf genutzt hat. So hat im Jahre 1859 eine amerikanische Versicherung ein Dokument mit überzeugenden Argumenten publiziert, um es ihren Verkäufern leichter zu machen, eine Versicherung zu verkaufen.

Patterson hat jedoch einen sehr systematischen Weg eingeschlagen, um sein Verkaufs-team zu trainieren. Er hat ihnen exakt gezeigt, was zu tun ist, um erfolgreich zu sein.

Seine Methoden gaben ihm Recht. In der Zeit zwischen 1888 und 1895 standen rund 84 Unternehmen in Amerika mit NCR im Wettbewerb. Jedoch nur 3 dieser 84 Unter-nehmen konnten sich für längere Zeit am Markt behaupten – hauptsächlich, weil sich Patterson sehr bemühte, sie aus dem Feld zu drängen. Er ließ keine Taktik unversucht, um seine Wettbewerber zu schlagen oder ihnen durch Patentklagen das Leben schwer zu ma-chen. Kurz nach der Jahrhundertwende hatte NCR einen Marktanteil von 95 %. Dass seine Methoden aber nicht unbedingt fair waren, zeigte sich auch daran, dass das Unternehmen vom Obersten Gerichtshof aufgrund von Verletzungen des Kartellrechtes verklagt wurde.

Der Verkaufserfolg von Patterson war eine Kombination aus seinem effizienten und umfangreichen Verkaufstraining und seiner kompromisslosen Bereitschaft, manipulative Verkaufstricks einzusetzen. Oft waren es die effektive Einwandbehandlung und ausge-klügelte Abschlusstechniken, die den Abschluss ermöglichten. Aber er hatte auch keine Hemmungen gehabt, seine Verkäufer anzuweisen, die Produkte der Mitbewerber schlecht zu machen, um schneller ans Ziel zu kommen.

Viele der heute verwendeten Verkaufstechniken tragen eindeutig Pattersons Stempel. Seine Philosophie und sein Verkaufssystem haben nicht nur die Art des Verkaufens ver-ändert, sondern auch den Erfolg vieler Unternehmen im letzten Jahrhundert ausgemacht.

Pattersons Methoden – und sicherlich unzähliger anderen Wirtschaftsgrößen nach dem zweiten Weltkrieg – haben den klassischen Verkaufsprozess und dessen Taktiken geprägt.

Dies bedeutet, dass die meisten Verkaufsprofis nach folgenden Kriterien ausgebildet wurden:

- Cold Calling war ein effektiver Weg, um Leads zu generieren, da jeder ein potenzieller Kunde sein konnte.
- Neukundengewinnung bedeutete, eine bestimmte Anzahl von Telefonaten zu führen (meistens 100), um potenzielle Kunden zu erreichen.
- Die „Abschluss-Quote" war die Basis, um zu erkennen, wie viele Telefonate nötig waren. Aus dieser „Quote" ergaben sich auch die Anzahl der Meetings und benötigten Verkaufsabschlüsse.
- Vorgefertigte Telefonskripts und Präsentationen waren effektiv, da die meisten Kunden die gleichen Bedürfnisse und Wünsche hatten.
- Die Aufgabe des Verkäufers bestand darin, in einem Verkaufsgespräch das Produkt oder die Dienstleistung zu präsentieren, Funktionen und Vorteile zu erklären, die Einwände vom Tisch zu wischen und den Abschluss zu tätigen.
- Taktiken wie Manipulation, Einwandbehandlung oder andere Strategien wurden verwendet, um den Prozess zu beschleunigen, da es ja um die Abschluss-Quote ging.

5.1.2   Ist Patterson tot …?

Auch wenn die Patterson-Methoden zu ihrer Zeit sehr effektiv und erfolgreich waren, ist stark zu bezweifeln, dass diese heute noch Gültigkeit haben. Denn die Marktumstände, in denen Patterson seine Registrierkassen verkauft hat, sind heute völlig anders. Patterson entwickelte sein Verkaufssystem, als sein Unternehmen kontrollieren konnte, wer Zugang zu Informationen und Details zu Produkten hat.

Die Zeit dieser asynchronen Information ist jedoch lange vorbei: Moderne Technologien geben Kunden einfachen Zugang zu jeglicher Art von Information. Diese Macht ermöglicht den Kunden ihre Entscheidungen selbst zu treffen. Denn sie können leicht selbst alles über ein Unternehmen herausfinden, noch bevor der Verkäufer die Gelegenheit hat, mit ihnen persönlich zu sprechen.

Obwohl es unübersehbar ist, dass die massiven Veränderungen in der Technologie, der Kommunikation, den Innovationen sowie Verschiebungen in der Wirtschaft und im Handel in den letzten 20 Jahren das Geschäftsleben massiv beeinflusst haben, halten die meisten Unternehmen im deutschsprachigem Raum immer noch an den Verkaufspraktiken von Patterson fest. Ganz einfach in der Hoffnung, all das würde weiterhin so gut funktionieren, wie zu Zeiten von John Patterson.

Wir leben in einer Zeit, in der mündige Kunden eigennütziges Verhalten und Taktiken, die den Verkaufsprozess beschleunigen, nicht mehr tolerieren.

Wie die beiden Mäuse im Buch permanent Signale bekommen, dass kein Käse mehr da ist, gibt es untrügliche Zeichen, dass sich die Wirtschaft verändert hat und weiter wird.

Es sind konstante und regelmäßige Zeichen, dass die Old-School-Taktiken von Patterson nicht mehr funktionieren.

Michael Port schreibt in seinem Buch „Contrarian Effect" von acht wesentlichen Signalen, die diesen Marktwandel anzeigen und wie in Zukunft Kunden mit Unternehmen interagieren wollen:

1. **Kunden finden das benötigte Unternehmen und initiieren selbst den Verkaufsprozess – nicht andersherum, wie in früheren Zeiten.**
   Heute starten Kunden den Kaufprozess von sich aus. Sie evaluieren, was angeboten wird und heben dann die Hand, sobald sie bereit sind zu kaufen. Wenn Sie weiterhin versuchen sollten, etwas mit Druck zu verkaufen, behalten Kunden heute immer die Kontrolle und managen den Prozess. Dies bedeutet, der Verkäufer sollte einen Weg finden, Beziehungen aufzubauen, um genau dann am Schirm zu sein, sobald der Kunde bereit ist, zu kaufen. Dies ist eine komplett andere Sicht auf das Thema Verkauf und auf die Interaktion mit potenziellen Kunden.

2. **Kunden haben es selbst in der Hand, wie und ob sie erreicht werden und mit Ihnen kommunizieren wollen.**
   Neukundengewinnung funktioniert heute anders als früher. Mit einem Mausklick können Kunden Sie für irrelevant erklären. Kunden haben die Macht, jedes ungewollte Angebot oder Verkaufsgespräch zu stoppen und zu verhindern. Konsumenten sind gut geschützt, wie z. B. durch Gesetze gegen unerlaubte Telefonanrufe oder die Robinsonliste – ein Verbraucherschutz gegen unerwünschte Werbung. Kein noch so gutes Verkaufsskript hilft, wenn mündige Kunden einfach auflegen, wegklicken oder den Spam-Filter aktivieren, bevor es Ihnen gelingt, Ihr Angebot zu unterbreiten.
   Die meisten Taktiken der klassischen Verkaufsmethoden befinden sich nicht im Einklang mit den Wünschen und Bedürfnissen moderner Konsumenten. Dies führt meist dazu, dass der Kauf-Zyklus der Kunden nie mit Ihrem eigenen Verkaufs-Zyklus synchron ist. Wenn Sie Kunden durch Cold-Calling in ihrem Tagesablauf unterbrechen, nur um Ihrem Verkaufs-Zyklus zu folgen, dann haben Sie wenig bis gar keine Chancen ihre Aufmerksamkeit zu erhalten. Und Sie bekommen auch keine Gelegenheit, mit ihnen in Verbindung zu bleiben.

3. **Kunden haben unbeschränkten Zugang zu Informationen.**
   Konsumenten sitzen heute meist am längeren Ast. Mit scheinbar endlosen Wahlmöglichkeiten, was und wo sie kaufen, können sie sehr selektiv und vorsichtig entscheiden, was sie in ihre Welt lassen. Bevor Kunden einen Kauf tätigen, haben sie die Möglichkeit, alles über Ihr Unternehmen, Ihre Produkte und Dienstleistungen aber auch Sie persönlich zu erfahren.
   Dies führt dazu, dass sie wenig Vertrauen gegenüber klassischen Verkäufern haben:
   - Verkäufer, die sie dazu nötigen, etwas zu kaufen, was sie nicht wollen.
   - Verkäufer, die versuchen, Nachteile oder Mängel in Produkten und Dienstleistungen zu verbergen.

- Verkäufer, die harte Abschlusstaktiken oder andere Manipulationsmaßnahmen verwenden, um rasch einen Verkauf zu tätigen.
- Verkäufer, die an alles andere glauben als an völlige Transparenz, Ehrlichkeit und Integrität.

Sobald Verkäufer versuchen, mit den alten Taktiken den Verkauf zu forcieren und mit Druck den Abschluss erzwingen wollen, drehen sich Kunden um und gehen einfach weg. Sie können jederzeit jemand anderen finden, der sie nicht unter Druck setzt oder ihnen Informationen vorenthält.

4. **Kunden suchen heute anders.**

Wenn Kunden der Meinung sind, sie benötigen ein Produkt oder eine Dienstleistung, dann nutzen sie zwei Wege, um eine gute Entscheidung treffen zu können:

- Sie suchen in Google, um zu finden, was sie möchten.
- Sie fragen ihre Freunde nach einer Empfehlung.

Kunden durchsuchen nicht ihre E-Mails, hören nicht ihre Mailboxen ab und suchen auch nicht im Spam-Folder nach Ihnen. Sobald Kunden bereit sind, mehr über ein Produkt oder eine Dienstleistung zu erfahren, warten sie nicht auf einen Anruf oder ein unpersönliches E-Mail. Sie wollen dies auf ihre Art und Weise tun: online oder durch Leute, denen sie vertrauen.

5. **Kunden wollen ein relevantes und wertvolles Angebot, das auf sie zugeschnitten ist.**

Massenwerbung und Standard-Verkaufsgespräche sind out. Gefragt ist die individuelle Kommunikation mit Kunden. Konsumenten spüren es, wenn Sie eine Standard-Präsentation abspulen oder immer den gleichen Verkaufstrick anzuwenden versuchen, statt ein auf sie zugeschnittenes Angebot verwenden oder nach 08/15-Standards kommunizieren. Kunden wollen und verlangen relevante, authentische und individuelle Angebote, die nur für sie alleine erstellt wurden. Um dem zu entsprechen, müssen Sie die traditionelle Art der Ansprache verlassen und einen neuen Weg finden, der mehr im Einklang mit den Kunden steht.

6. **Kunden entscheiden selbst, wann sie bereit sind zu kaufen – nicht der Verkäufer.**

Da Kunden einfachen Zugang zu jeglicher Information über das Internet oder in Gesprächen mit anderen haben, wissen sie Bescheid über Verkaufsquoten, Verkaufsziele und den Druck, dem Sie unterliegen, einen Verkauf abzuschließen. Daher sind Kunden keinesfalls bereit, einen Kauf zu tätigen, nur damit Sie ihre Quote erfüllen. Sie wissen ganz genau, dass die alten Taktiken nur für Verkäufer gemacht sind und nicht den Vorteil des Kunden im Blick haben.

7. **Kunden wollen Respekt und haben ein großes Sprachrohr.**

Vor dem Internetzeitalter und vor Web 2.0 waren Kunden bereit, schlechtes Verhalten von Verkäufern zu akzeptieren, da es wenige Alternativen gab und sie weniger Macht hatten, schlechten Erfahrungen zu begegnen. Diese Zeiten sind längst vorbei. Heutzutage wollen Kunden auf Augenhöhe und mit Respekt behandelt werden. Respekt, der mehr als nur ein freundliches Lächeln ist. Als Verkaufsprofi sollten Sie erkennen, dass Kunden selbst entscheiden, mit wem sie Geschäfte machen wollen und dabei jene bevorzugen, die ihren Regeln folgen und auf ihre Art mit ihnen kommunizieren.

Um es ganz deutlich zu sagen: Kunden wollen,

- dass Sie ihnen zuhören und tun, was sie wollen.
- dass Sie Ihre Zusagen einhalten.
- dass Sie sie erzählen lassen: Was genau sie wollen und was das Beste für sie ist.
- dass Sie sie selbst entscheiden lassen, wann der richtige Zeitpunkt für sie ist, zu kaufen.

Wenn Sie Kunden nicht respektieren, sie anlügen oder versuchen, mit Druck zu verkaufen, haben sie heute genügend Mittel, um sehr effektiv zurückzuschlagen: Kunden publizieren ihre Erfahrungen in ihren eigenen Blogs, stellen es auf Facebook zur Diskussion, warnen ihre Freunde vor Ihnen. Es ist ein Leichtes für heutige Konsumenten, negative Erfahrungen mit der ganzen Welt zu teilen.

Wenn Sie also weiter den klassischen Methoden folgen, steigen die Chancen, dass Kunden auf negative Erfahrungen reagieren und auch andere daran teilhaben lassen. Das Ergebnis ist nicht nur ein erfolgloser Deal, sondern in der Folge auch ein schwerer Reputationsschaden.

8. **Kunden misstrauen Ihnen, bis Sie beweisen, dass Sie vertrauenswürdig sind.**

Kunden haben auf der einen Seite Zugang zu mehr Informationen als früher, auf der anderen Seite sind sie wesentlich skeptischer als noch vor 20 Jahren. Konsumenten sind nicht mehr bereit, alles für bare Münze zu nehmen, was sie präsentiert bekommen. Und sie glauben auch nicht von sich aus an gute Absichten der Verkäufer – dank der vielen Skandale, die Unternehmen immer wieder liefern, denken wir nur kurz an den Abgasskandal bei VW.

Wenn Sie die Power der Kunden nicht respektieren, dann sind Sie schnell aus dem Rennen. Es bedarf etwas mehr als eine gute Verkaufspräsentation, ein bisschen Einwandbehandlung und eine ausgeklügelte Abschlusstechnik, um eine funktionierende Beziehung mit Kunden aufzubauen. Kunden wollen sehen,

- dass ihre Bedürfnisse wahrgenommen werden,
- dass Ihre Verkaufsstory authentisch ist,
- dass Sie bereit sind, mit der Zeit Vertrauen und Glaubwürdigkeit aufzubauen – ihnen quasi eine Gelegenheit geben, Sie kennen zu lernen, Sie sympathisch zu finden und schließlich Ihnen zu vertrauen.

Kunden haben ihr individuelles Tempo im Verkaufs-Zyklus. Dies ist der Grund, warum die Old-School-Techniken kontraproduktiv wirken. Wenn Sie auf Kunden klassisch zugehen, werden Sie es heute nicht mehr schaffen, genug Vertrauen aufzubauen. Denn das Vertrauen ist heute immens wichtig, damit von Ihnen gekauft wird und dies auch immer wieder getan wird.

Diese 8 Indikatoren zeigen deutlich einen unabwendbaren Wandel in der Art, wie heute und in Zukunft Geschäfte gemacht werden. Sie zeigen auch gute Gründe auf, warum die klassischen Verkaufsstrategien unbrauchbar geworden sind. Denn diese sind nicht in der Lage sind, Beziehungen aufzubauen, um Verkäufe zu generieren.

Und das sind die Gründe, warum Old-School-Techniken nicht mehr funktionieren:

- Viele der alten Taktiken sind irrelevant, altmodisch und erfüllen nicht die Erwartungen moderner Kunden und Märkte.
- Die alten Methoden wurden als reine Unterstützung für Verkäufer entwickelt und hatten kein Interesse an Kundenbedürfnissen.
- Die klassischen Methoden zielen auf den raschen Verkaufserfolg, beschädigen damit Kundenbeziehungen nachhaltig und verhindern so weitere Verkaufserfolge.
- Viele klassische Verkaufsmethoden schaden der eigenen Reputation und erzeugen negative Konsequenzen, die schwerer wiegen als der kurzfristige Erfolg.

Es wird Zeit, einen neuen Weg einzuschlagen – besser heute als morgen erst. Darauf zu hoffen, dass sich der Markt wieder ändert, das Internet abgeschaltet, Google und Facebook verschwinden und alles wieder wie vor 20 Jahren wird, ist mehr als naiv.

Es ist Zeit, die Zeichen zu erkennen und die Richtung zu wechseln, bevor Ihnen, Ihrem Unternehmen oder Ihrer Branche die Kunden davonlaufen und woanders kaufen. Oder um mit den Mäusen zu sprechen: Es gibt keinen Käse mehr und er wächst auch nicht mehr nach. Es wird Zeit, sich an Speck zu gewöhnen, auch wenn er zu Beginn nicht so gut schmeckt wie zuvor der Käse.

5.1.3   Kauf mich, kauf mich, kauf mich …

Aktuell werden jeden Tag rund 5000 Werbungsbotschaften, Kaufangebote und Marketinginfos auf jeden einzelnen von uns losgelassen. Speziell Menschen, die in großen Städten leben, haben es immer schwerer, sich diesen Botschaften zu entziehen. Ein Beispiel: Sollte Ihnen im Flugzeug übel werden, sehen Sie auf den dafür vorgesehenen Papiersäcken zuerst einmal – Werbung.

Diese permanente Werbeüberflutung führt unweigerlich zu kürzeren Aufmerksamkeitsspannen und damit zu einer geringeren Bereitschaft, auf diese Botschaften zu hören. Wenn Sie nun die kürzere Aufmerksamkeitszeit, die Möglichkeit, jederzeit ab- oder umzuschalten mit den vielen Kommunikationskanälen kombinieren, wird schnell klar, dass sich das Spiel grundlegend geändert hat.

Unternehmen und Verkaufsteams mit großen Budgets können nicht mehr so leicht Konsumenten beeinflussen wie noch vor 20 Jahren. Kunden entscheiden heute viel selektiver, was sie sich ansehen und an sich heran lassen.

In dieser neuen Welt ist Aufmerksamkeit die neue Währung. Der Kunde entscheidet sehr genau, was er sieht, liest oder hört. Dieser Wechsel der Rezeptions-Kontrolle vom

Unternehmen zum Kunden ist das Fundament des Systems, wie in Zukunft Geschäfte gemacht werden.

„Heutzutage entscheiden Kunden, welche Informationen sie suchen und blenden dabei alles aus, was ihnen nicht relevant erscheint", erklärte schon im Jahre 2007 der Vizepräsident der PR-Agentur Ketchum Nicholas Scibetta. Nicht nur, dass sich Kunden jetzt in der Lage sehen, irrelevante Botschaften auszublenden oder wegzuschalten – sie haben durch die Sozialen Medien sogar die Macht zurückzuschlagen.

Dennoch ist der klassische Vertriebsansatz in vielen Geschäftsführungsköpfen immer noch die Norm. Aber sie merken immer öfter, dass es stets schwieriger wird, Kunden zu erreichen, um ihnen ein Angebot zu machen.

Ein Beispiel: Nehmen wir an, Sie arbeiten für einen Personalberater, der sich auf IT-Fachkräfte spezialisiert hat. Ihre Aufgabe ist es, qualifizierte Techniker für Ihre Auftraggeber zu finden. Um dies zu erreichen, könnten Sie nach klassischen Vertriebstechniken Folgendes tun: Sie tätigen 100 Telefonanrufe, um einer großen Anzahl von Technikern einen neuen Job anzubieten. Und dann sehen Sie, ob jemand interessiert sind. Klingt wirklich einfach, die Erfolgschancen sind nachvollziehbar – zumindest in der Theorie.

Wie sieht aber die Wirklichkeit aus? Meist sind die 100 Technikeradressen auf Ihren Listen nicht wirklich am aktuellen Stand. Denn nur weil jemand ein qualifizierter IT-Techniker ist, muss er noch lange kein idealer Kandidat sein. Was ist, wenn er im Augenblick gar kein Interesse hat? Oder wenn er erst gerade einen neuen Job angenommen hat und sich am Telefon lautstark beschwert, dass Sie ihn angerufen haben und auf der Stelle fordert, ihn sofort von Ihrer Liste zu nehmen? Was, wenn er gerade gekündigt hat, um sich ein Jahr Auszeit zu gönnen? Was ist, wenn er oder einer seiner Bekannten mit Ihrem Unternehmen schon einmal schlechte Erfahrungen gemacht hat?

Da niemand wirklich sagen kann, was gerade relevant für den einzelnen Menschen auf der Liste ist, ist Kalt-Akquise wie russisches Roulette. Es besteht immer die Gefahr, nicht aktuell, relevant und dementsprechend unerwünscht zu sein.

Kunden haben heute viele Möglichkeiten, um irrelevante Angebote zu verhindern:

- indem sie sich – verärgert – von Ihrer Liste streichen lassen.
- indem sie Ihre Nummer blockieren.
- indem Sie sich auf der Robinsonliste eintragen.

Im schlimmsten Falle kann ein unerwünschter Anruf sogar zu einer Anzeige führen.

Da stellt sich doch die Frage, warum immer noch Unternehmen diese heute unbrauchbaren Old-School-Methoden nutzen? Der Mensch neigt offensichtlich dazu, am liebsten das zu tun, was er schon kennt. Ganz einfach, weil es ihm sicher und einfach erscheint. Er bleibt stur beim Gewohnten, auch wenn es nicht mehr so gut funktioniert.

5.1.4   Gibt es einen anderen Weg?

Verkäufer und Unternehmer könnten sehr schnell wieder in Einklang mit den Veränderungen des Marktes und der Kunden von heute kommen. Dazu müssten sie aber einen anderen Weg einschlagen.

Statt nur mit der nackten Datenbank oder ihren Leadlisten zu operieren, sollten Unternehmen ergründen, welcher der Personen auf ihren Listen wirklich von ihnen hören möchte und welche nicht. Ein smarter Ansatz, da ja nicht jeder ein idealer Kunde sein kann. Aber wie geht das? Ganz einfach, indem man nach Erlaubnis fragt, ob man mit den Kunden in Kontakt bleiben darf.

Der Autor Seth Godin hat bereits 1999 in seinem Bestseller „Permission Marketing" die Kraft und Wirkung von auf Erlaubnis basierendem Marketing und Verkauf erläutert. Die Idee von Godin ist heute noch wichtiger geworden, da sich die Verschiebung der Marktkontrolle von den Unternehmen zu den Kunden so massiv auswirkt. Verkäufer, die dies verstehen und in ihren Vertriebsprozess integrieren, gewinnen nicht nur die Herzen ihrer Kunden sondern haben die Fähigkeit, relevant zu bleiben.

Wenn nun der IT-Personaldienstleister aus dem obigen Beispiel die Erlaubnis hätte, mit einer Auswahl von Personen auf seiner Liste in Kontakt zu bleiben, würde dies Folgendes bewirken:

- Er würde immens Zeit sparen, da er nur noch interessierte Fachkräfte auf seiner Liste hat.
- Er würde Vertrauen und Glaubwürdigkeit zu seinen Kunden aufbauen, ohne bei den meisten verbrannte Erde zu hinterlassen.
- Er bietet nur noch relevante und gewünschte Jobangebote an, da er genau weiß, welche Fachkräfte bereit für neue Karrierechancen sind.
- Er würde von seinen Kunden an andere IT-Fachkräfte bereitwillig weiterempfohlen werden, da er bei seinem eigenen Netzwerk für seine relevanten Angebote sehr geschätzt wird. Und er muss sich um seinen guten Ruf bei Meinungsbildnern keine Sorgen mehr machen.

Wenn Verkaufsprofis Erlaubnismarketing strategisch nutzen, steigern sie das Vertrauen in ihre Leistungen und ihre Glaubwürdigkeit, bekommen mehr und mehr Empfehlungen und öffnen damit Tür und Tor für erfolgreiche Verkaufsabschlüsse.

5.1.5   Die Angst vor dem Telefon

Viele talentierte und hervorragende Unternehmer bekommen beim Gedanken an Verkaufs- und auch Marketingumsetzungen Schweißausbrüche und innerlichen Stress. Vor allem, weil sie denken, neue Kunden zu gewinnen, ist unangenehm, übt auf andere Druck aus und lässt einen selbst irgendwie schmierig erscheinen.

Mir ist es nicht viel anders ergangen, in meiner Zeit als Eigentümer einer Werbeagentur. Ich hatte alle Verkaufsschulungen besucht, die ich finden konnte. Ich hatte Unmengen von Büchern verschlungen und bei Vertriebs-Experten Rat gesucht. Ich würde aus jetziger Sicht behaupten, ich hatte alle Methoden des klassischen Vertriebs verstanden und konnte mir dieses Wissen jederzeit in eine anwendbare Vertriebsplanung übersetzen.

Ich hatte mir meine Adresslisten aufbereitet, Zeit in meinem Kalender geschaffen, die Webseite aktualisiert, mir ein kurzes Telefonskript geschrieben. Und dann kam unweigerlich der Tag, an dem „Neugeschäft" in meinem Kalender stand. Rot und fett – irgendwie bedrohlich.

Mir war klar, um meine Vertriebsquote zu erreichen, musste ich lediglich meine Liste abtelefonieren: Von den 100 Telefongesprächen mindestens 10 in persönliche Termine verwandeln und dann zumindest einen Auftrag gewinnen. So hatte ich es gelernt, und dies war auch der Plan. Es ist ja wirklich keine Raketenwissenschaft, hatte ich mir immer gesagt, und muss nach guter Vorbereitung einfach umgesetzt werden. Denn wie immer geht es auch im Vertrieb nicht nur um Wissen, sondern viel mehr ums Tun.

Trotz des vielen Wissens ist es mir gelungen, mich immer wieder selbst zu belügen, speziell an den Tagen, an denen „Neugeschäft" in meinem Kalender stand. Ich hatte gute intrinsische Strategien zu entwickeln, die es mir unmöglich machten, zum Telefonhörer zu greifen. Es „mussten" genau an diesen Tagen wichtige Stammkunden besucht oder mit den Kreativen der Agentur „wichtige" Werbekampagnen diskutiert werden. Eben Dinge, die „unaufschiebbar" waren und so verhindert hatten, dass ich meine Kontakte auf der Liste abarbeitete.

Natürlich gab es auch Tage, da war ich in einer so guten emotionalen Verfassung, dass ich voll motiviert zum Hörer griff. Aber spätestens nach dem dritten Telefonat, in dem mich am anderen Ende der Leitung ein genervter Marketingleiter angeschnauzt hatte, dass ich nun der x-te Anrufer diese Woche sei und er überhaupt kein Interesse an Terminen mit Werbeagenturen hätte, war meine Motivation im Keller. Nicht nur das: Viel schlimmer war für mich das Gefühl von Ablehnung, obwohl ich mir sicher war, eine sehr gute Dienstleistung anbieten zu können.

Vertrieb und Neugeschäft verlangen aus meiner Sicht einen sehr hohen Energie-Level und nicht – wie in meinem Fall – einen Energieverlust, der dazu führte, dass in den nächsten 3 Wochen das Thema „Neugeschäft" undenkbar war.

Dies führte mit der Zeit in keine positive Zukunft, wie ich am eigenen Unternehmen erleben musste. Denn jede noch so stabile und gute Kundenbeziehung hat irgendwann einmal ein Ende. Es ist daher eine der wesentlichen Aufgaben von Entrepreneuren permanent für neue Kunden zu sorgen – damit Ziele erreicht werden, das eigene Unternehmen wachsen kann und so viel Umsatz erzielt wird, wie es sich der Unternehmer wünscht.

Ich bin überzeugt, dass der Old-School-Vertrieb nicht mehr funktioniert und sehr viele Entrepreneure die klassischen Verkaufs-Methoden wie Kalt-Akquise, Hard-Selling und Cold-Calling nicht mögen. Ich würde fast sagen, es gibt mehr Unternehmer, die sich einen anderen Weg wünschen würden. Einen Weg, der besser zu ihrer Natur als Mensch passt.

Auch ich habe viele Jahre nach diesem Weg gesucht, bis ich fündig wurde, und jetzt macht mir Vertrieb sogar auf einmal Spaß. Echt unglaublich, wenn ich ein paar Jahre zurück blicke.

5.1.6   Ein Strandkorb in Usedom hat mir die Augen geöffnet.

Es war nicht der Strandkorb an sich, sondern das Buch des NY-Times Bestsellerautors Michael Port „Book Yourself Solid", das ich im Urlaub im norddeutschen Usedom im Strandkorb gelesen habe. Das System von Michael Port hat mein Denken und meine Sichtweise auf den Verkaufs- und Marketingprozess radikal verändert.

Ich habe durch seine Ansätze, Ideen und Erfahrungen mein eigenes Vertriebssystem neu aufgebaut und arbeite danach nun seit einigen Jahren. Ich behaupte, ich habe meinen neuen Weg gefunden. Ein Weg für die eher introvertierten Verkäufer und Unternehmer, denen es unangenehm ist, auf potenzielle Kunden permanent Druck auszuüben und ihnen lästig zu erscheinen.

Verkaufen ist ja für die meisten per se nichts Schreckliches, vorausgesetzt, es gibt einen Hinweis auf Interesse des Käufers an einer Dienstleistung, einem Produkt oder einem Programm. Denn sobald ich als Agenturleiter einen Termin mit einem potenziellen Kunden hatte, war das Verkaufsmeeting immer aufregend und energievoll. Der Smalltalk, die Präsentation und Diskussion hatte mir keine Probleme bereitet. Lediglich der Weg bis zur Terminvereinbarung war für mich stressig, unangenehm und erniedrigend.

Ich bin fest davon überzeugt, der Grund, warum die meisten Entrepreneure Empfehlungs-Marketing oder Mund-Propaganda für die effektivste und wertvollste Methode im Marketing halten, ist, weil damit das Interesse des zukünftigen Kunden bereits signalisiert wird. Der unangenehme Part – den Kunden zu einem Termin zu überreden – entfällt.

5.1.7   Die erschreckende Wahrheit: Marketing bringt keine Kunden!

Diese These von jemandem zu hören, der seit über 25 Jahren im Bereich Marketing und Werbung tätig ist, erscheint doch etwas kühn. Warum ich dies aber behaupte, will ich hier erläutern.

Meine Agentur hatte stets gute Geschäfte mit Kunden gemacht, die mehr Kunden finden und mehr Umsatz generieren wollten. Im Laufe der Jahre hatte meine Werbeagentur viele Kampagnen und Strategien für die verschiedensten Kundengruppen entwickelt – mit unterschiedlich hohen Erfolgsquoten. Es stellte sich für uns immer die Frage, liegt es an unseren kreativen Ideen oder doch am Angebot der Kunden?

Der Vordenker des moderne Marketing, Peter Drucker, hat uns gelehrt: „The aim of marketing is to make selling unnecessary". Und vom Autobauer Henry Ford wissen wir, dass die Hälfte der Werbebudgets zum Fenster hinausgeschmissen sind, wir wissen nur nicht welche.

Unser Geschäftsmodell als Agentur war darauf aufgebaut, durch Marketing mehr Kunden und mehr Umsatz zu bringen. Dies wird in Business Schools und im Marketing-Studium so gelehrt. Im Internet finden sich unzählige dieser neuen Get-quick-rich-Typen, die versprechen, in nur 5 Tagen durch modernes Marketing mehr Umsatz zu erzielen und damit reich zu werden.

Was bedeutet nun die These von Michael Port „Marketing bringt keine Kunden"? Und in welchem Zusammenhang macht diese Behauptung Sinn?

Marketing macht enorm viel Sinn, vorausgesetzt, es gibt ein funktionierendes System, um Kunden zu gewinnen. Marketing – richtig gemacht – ist immens wichtig, um Aufmerksamkeit für Produkte, Dienstleistungen oder Programme zu generieren. In dieser Funktion kann Marketing seine ganzen Muskeln spielen lassen.

Was aber wirklich zählt, um mehr Kunden zu bekommen, ist der Prozess, nachdem Marketing die notwendige Aufmerksamkeit erzeugt hat.[1]

Es gibt heutzutage unzählige Möglichkeiten, die eigenen Fähigkeiten in Marketing und Werbung zu erhöhen, um besser zu werden. Keine Frage, jeder sollte seine Skills erhöhen und weiterentwickeln, wenn mehr Erfolg im Business das Ziel ist. Es macht jedoch erst dann Sinn gutes Marketing einzusetzen, wenn alle anderen Elemente des eigenen Business-Modells an der richtigen Stelle sitzen.

Es ist zum Beispiel sicher leicht möglich, für schlechte Produkte (wie z. B. ein Sandwich mit Analogkäse) gutes Marketing zu machen. Es bleibt jedoch immer der Versuch, ein Sandwich mit Analogkäse zu verkaufen. Der Erfolg wäre ein fragwürdiger und wahrscheinlich auch eine riesige Verschwendung von Marketingbudgets.

Dies ist der Grund, warum in meinem Programm „Mehr Kunden, bitte!" Marketing immer als letztes am Plan steht. Davor steht anderes im Fokus: zu ergründen, was wirklich dafür sorgt, dass mehr Kunden gewonnen werden.

Gutes und richtiges Marketing erzeugt bei potenziellen Kunden die notwendige Aufmerksamkeit für Dienstleistungen, Produkte oder Programme. Sobald prospektive Kunden auf ein Unternehmen aufmerksam geworden sind, prüfen sie zuerst dessen Business-Modell und entscheiden, ob es sich für sie lohnt, in Zukunft mit jenen Geschäfte zu machen.

Es ist meist nur eine einzige Gelegenheit (manchmal vielleicht auch eine zweite), um diese Entscheidung zu einer positiven werden zu lassen. Im modernen Business geht es im Wesentlichen darum, potenzielle Kunden dabei zu unterstützen, eine gute Entscheidung zu treffen. Vergessen wir also für einen Moment alles über Leadgenerierung, Facebook-Anzeigen und Social Media Marketing.

---

[1] Hier sei kurz angemerkt, dass Aufmerksamkeit nicht bedeutet, möglichst viel „Werbe-Lärm" zu erzeugen. Mit heruntergelassener Hose durch ein gutbesuchtes Einkaufszentrum zu laufen und in ein Megaphone „Schaut alle her" zu brüllen, erzeugt rasch Unmengen von Aufmerksamkeit – keine Frage. Diese „Idee" erzeugt sicher Werbedruck, ist aber nicht die Art von Marketing, die langfristig zum gewünschten Ziel führt.

5.2   Der Weg des stillen Verkäufers

Im Folgenden werde ich einen Überblick über meine Herangehensweise zeigen, wie es mir gelungen ist (und immer wieder gelingt), für mein Business Kunden zu finden – ohne mich dabei wie ein schleimiger Verkäufer zu fühlen. Ganz ohne Old-School-Techniken wie Kalt-Akquise, Einwandbehandlung, Manipulationen und sonstige Verkaufstricks.[2]

Die Grundlage meiner Herangehensweise ruht auf 2 Prinzipien, die Michael Port in seinen Büchern geprägt hat:

1. **Es gibt Kunden, für die ist man wie geschaffen. Und für den Rest sollte man nicht arbeiten.** Dies bedeutet, versuchen Sie nicht, es jedem recht zu machen und an jeden etwas zu verkaufen. Wenn Sie dies versuchen, werden Sie es niemandem recht machen können.
2. **Mit der für Sie richtigen Methode wird man sich in die Tätigkeit von Marketing und Vertrieb verlieben.** Wenn es Ihnen gelingt, ein System zu finden, das nur noch die richtigen Kunden zu Ihnen bringt – Kunden, die Ihnen Energie geben und Sie inspirieren – dann möchten Sie noch mehr Marketing und Vertrieb machen. Sie werden sich förmlich in die Tätigkeit verlieben, die Sie bisher so gehasst haben.

5.2.1   Jedes Haus benötigt ein solides Fundament

Was wie eine Binsenweisheit klingt, hat auch Bedeutung für das eigene Business-Modell. Wenn jemand auf ein Unternehmen aufmerksam wird, prüft er zuerst dessen strategisches Business-Fundament. Er möchte wissen, ob das Unternehmen der ideale Ansprechpartner ist – ob es vertrauenswürdig und befähigt ist. Löst die angebotene Dienstleistung/das angebotene Produkt sein Problem? Ist es in der Lage ihm weiterzuhelfen?

Wenn potenzielle Kunden alle diese Fragen mit „Ja" beantwortet haben, ist ein großer Schritt geschafft, aber noch lange kein Abschluss getätigt. Denn Kunden kaufen in den seltensten Fällen spontan. Aber sie sind bereit, mit dem Unternehmen in Kontakt zu bleiben. Jetzt geht es für das Unternehmen darum, die Kunden dabei zu unterstützen, die Erlaubnis zu bekommen, um mit dem potenziellen Kunden in Kontakt bleiben zu dürfen.

Um zu einem eigenen stabilen Business-Fundament zu kommen, sollte sich das Unternehmen einige wichtige Fragen selbst beantworten:

- Wer ist mein idealer Kunde?
- Warum kaufen Kunden bei mir?
- Ist mein Angebot verständlich?

---

[2] Dieses Kapitel gibt lediglich einen raschen Einblick über meine Herangehensweise für eher introvertierte und stille Verkäufer. Es hat nicht den Anspruch, ein Ersatz für eine vertiefende, nachhaltige Entwicklung der eigenen, individuellen Strategie zu sein, wie ich sie in meinen Programmen und Coachings zeige.

5.2.2 Ideale Kunden – gibt es die wirklich?

Sie können sicher nachvollziehen, wovon ich jetzt spreche: Es gibt Kunden, für die wir alles tun würden. Egal, wie hoch deren verfügbares Budget ist. Sie geben in der Zusammenarbeit Energie, sie inspirieren und sie motivieren, immer das Bestes zu geben.

Am Beginn unserer Agentur hatten wir so einen Kunden, mit dem wir über 10 Jahre einen wundervollen gemeinsamen Weg gehen konnten. Die Anfänge der Zusammenarbeit waren geprägt von tollen, kreativen Projekten, obwohl sie nur mit minimalem Budget gepaart waren. Wir konnten unserer Kreativität freien Lauf lassen und haben damit unzählige Kreativpreise gewonnen. Die Gespräche mit dem Unternehmenseigentümer waren stets inspirierend und energiegeladen. Das Marketing-Budget hat bei weitem nicht unseren persönlichen Einsatz gedeckt. Trotzdem konnten wir es nicht erwarten, ein neues Projekt umzusetzen.

In jeder Zielgruppe sind ideale und nicht-ideale Kunden zu finden. Dies ist ein wesentlicher Hinweis darauf, dass es nichts mit der Zielgruppe zu tun hat, wenn man ideale Kunden finden will. Ideale Kunden sind vielmehr von Werten geprägt, die mit unseren in Resonanz stehen. „Gleich und gleich gesellt sich gerne" haben schon unsere Vorväter gesagt – und die wussten im Regelfall wenig von Marketing.

5.2.3 Schau in den Spiegel – deine idealen Kunden sind wie du

Ein guter Trick, die idealen Kunden zu erkennen, ist ein tiefer Blick in den Spiegel. Die eigenen Werte und die daraus resultierenden Verhaltensweisen zu erkennen, ist die Grundlage auf dem Weg zu nur noch idealen Kunden.

Mit dieser Erkenntnis ist es möglich, in jedem persönlichen Verkaufsgespräch zu erkennen, ob jemand zu einem passt oder eher nicht. Und ob diese neue Geschäftsbeziehung eine energievoll-inspirierende oder eine eher leidensvolle werden wird.

Es funktioniert wie die rote VIP-Kordel bei Red-Carpet-Veranstaltungen. Diese rote Kordel kennen Sie aus Fernseh-Übertragungen von VIP-Events und vielleicht sogar aus eigener Erfahrung: Bei exklusiven Events gibt es immer am Eingang diese netten Damen oder Herren mit der Gästeliste. Für jene, die auf der VIP-Liste stehen, wird elegant die rote Kordel geöffnet und mit einem freundlichen Lächeln der Weg frei gemacht zum Event. Der Rest muss draußen bleiben.

Diese Idee der roten Kordel – eine Art Filtersystem für das eigene Business – führt dazu, dass Sie in Zukunft nur noch für ideale Kunden arbeiten. Es liegt an Ihnen, für wen Sie die rote VIP-Kordel öffnen – und für wen eben nicht. Damit kommen Sie Schritt für Schritt zu mehr Kundenbeziehungen, die Ihnen Energie geben und inspirieren. So vermeiden Sie die lästigen, nervigen Kunden.

5.2.4   Warum kaufen Kunden, was Sie verkaufen?

Verkaufen wird dann einfach, wenn Sie exakt anbieten, was Ihre Kunden suchen. Da Sie bereits eine Idee haben, wer Ihre idealen Kunden sind, wird es Zeit, sich mit der Zielgruppe zu beschäftigen.

Die Zielgruppe ist eine spezifische Gruppe von Personen, für die Sie Ihre Leistungen erbringen.

Aus meiner langjährigen Beratungserfahrung scheint mir die Entscheidung der richtigen Zielgruppe für viele Unternehmer ein schwieriger Schritt zu sein. Eine Zielgruppe können Mütter sein, die mit dem Direktvertrieb von Naturkosmetik ihr Geld verdienen. Genauso wie Rechtsanwälte in einer bestimmten Stadt eine Zielgruppe sein können.

Wie schon erwähnt, sind ideale Kunden eine Teilmenge der anvisierten Zielgruppe. Ideale Kunden sind Personen, die Energie geben und inspirieren. Die Zielgruppe ist die demografische Beschreibung einer Gruppe von Personen, für die Sie Leidenschaft in der Zusammenarbeit empfinden. Es ist gleich wichtig ideale Kunden zu finden, wie eine gute Zielgruppe ins Visier zu nehmen.

Auch wenn der allgemeine Eindruck vorherrscht, bereits eine perfekte Zielgruppe zu haben, plädiere ich dafür, einen näheren Blick darauf zu werfen. Die meisten Probleme in Marketing und Vertrieb kommen zu 50 % aus einer falsch definierten Zielgruppe. Und falsch meint zumeist, aus einer zu groß gewählten Gruppe, die schwer durch Marketing zu erreichen ist, bzw. nur mit extrem hohem Ressourcenaufwand.

Die Zielgruppe wird meist nicht so spezifisch gewählt, wie es für raschen Erfolg nötig wäre. Der Grund dafür liegt meist in der Angst, die Zielgruppe müsse entsprechend groß und weit definiert sein, um Geschäft zu machen. Aber genau das Gegenteil ist der Fall. Es macht wenig Sinn, weiter am Business-Modell oder am Marketing zu arbeiten, solange die Zielgruppe zu groß oder falsch gewählt ist.

Egal, ob jemand schon länger am Markt tätig ist oder gerade erst startet und nicht genügend Kunden hat: Es wird immer versucht, an alle und jeden zu verkaufen. Der Irrglaube dahinter: je mehr es sind, desto eher wird daraus ein Geschäft.

Auch wenn die dramatische Verengung der Zielgruppe, und damit des Marktes, kontraproduktiv erscheint, ist dies der Schlüssel zu mehr Kunden.

Es gibt 3 gute Gründe, eine enge Zielgruppe zu wählen:

1. **Wenn die Zielgruppe besser erkennbar ist, kann sie durch das eigene Marketing leichter angesprochen werden.** Dadurch wird klarer, auf welche Angebote die Zielgruppe stärker reagiert. Es ist leichter zu erkennen, welche Fach-Magazine sie bevorzugt, welche Veranstaltungen sie gerne besucht und welche anderen Experten bereits in diesem Markt tätig sind.
2. **Fast jede Zielgruppe hat ein eigenes Netzwerk für ihre Kommunikation etabliert.** In diesen Netzwerken tauscht sich die Zielgruppe aus. Die eigene Marketingbotschaft hat es dadurch leichter, sich rascher zu verbreiten. Was sind solche Netzwerke? Zum

Beispiel Institutionen, soziale Netzwerke, Fach-Publikationen, Service-Clubs, Events, Konferenzen etc.

3. **Im Marketing und im Verkauf geht es nicht darum, andere zu überreden, zu manipulieren oder unter Druck zu setzen, etwas zu kaufen.** Es geht vielmehr darum, für die Zielgruppe sichtbar zu werden und jenen ein Angebot zu bieten, die als ideale Kunden ausgewählt wurden. Also allen, die das Angebot dringend benötigen und bereits danach suchen.

Es wird einfacher Kunden zu servicieren, sobald die Zielgruppe eng genug gewählt ist. Es bleibt mehr Zeit, mehr Energie und viel mehr Expertise für genau jene Personen übrig, die exakt unsere Dienstleitung benötigen und die die Vorteile daraus am meisten schätzen können.

Eine gut gewählte Zielgruppe hat innerhalb der Gruppe die gleichen Probleme und Wünsche – diese gilt es für Sie zu erkennen.

- Will die Zielgruppe gesünder werden?
- Will die Zielgruppe weniger Zeit mit ihrer Buchhaltung verbringen?
- Will die Zielgruppe mehr Freizeit haben und weniger Zeit im Büro verbringen?
- Will die Zielgruppe einfach nur mehr Kunden gewinnen, um endlich so viel zu verdienen, wie sie sich schon immer gewünscht haben?

Wenn Ihr Hauptangebot genau das wichtigste Probleme der Zielgruppe löst oder den größten Wunsch erfüllen hilft (oder auch beides zugleich), dann ist es nicht nötig, irgendwelche Verkaufsmethoden und Tricks anzuwenden. Es ist lediglich notwendig, diese *eine* Leistung zu promoten. Dann gewinnen Sie automatisch genügend neue Kunden, um im Handumdrehen ausgebucht zu sein.

Hinter jeder Top-Leistung und dem daraus resultierenden Ergebnis stehen verschiedene Vorteile für den Kunden:

- finanzielle,
- emotionale,
- physische,
- spirituelle.

An dieser Stelle tauchen immer wieder Fragen und Verwirrung zu diesen Vorteilen auf. Zur Illustrierung ein Beispiel: Welche finanziellen Vorteile bietet zum Beispiel ein Physiotherapeut seinen Patienten, wenn er sie von Ihren Schmerzen befreit? Ganz einfach: Wie wäre es mit weniger Ausgaben für Therapien und Medikamenten? Oder aber auch: Die Patienten haben nach der Therapie mehr Leistungsfähigkeit im Job und kommen damit schneller zu einer Lohnerhöhung.

Ein anderes Beispiel: Was sind die physischen Vorteile meines Programms „Mehr Kunden, bitte"? Meine Antwort: Weniger Stress, der zu ruhigerem Schlaf führt. Dies führt dann zu weniger Reizbarkeit, einer besseren Beziehung und einem erfüllteren Liebesleben ...

Jede Top-Leistung führt zu einer Liste von verschieden Vorteilen, die die potenziellen Kunden explizit erfahren sollten.

5.2.5   Kunden wollen, dass man ihnen hilft

Entrepreneure sollten sich selbst als vertrauenswürdige und wichtige Berater für ihre Kunden sehen. Sie haben eine moralische Verpflichtung, jenen ihre wertvolle Dienstleistung anzubieten, die sie wirklich benötigen. Es ist notwendig, dieses Selbstvertrauen zu entwickeln und als Experten in ihrem jeweiligen Feld aufzutreten.

Jeder sucht jemanden, der ihm Sicherheit und Orientierung gibt. Wenn Sie sich also selbst als vertrauenswürdigen Berater akzeptieren, werden potenzielle Kunden dies nicht vergessen. Sie werden zu Ihnen kommen – vielleicht schon sehr rasch oder aber erst nach Jahren.

Vertrauen entsteht mit der Zeit. Ein Kontakt, der heute entsteht, kann sich später zu einer wertvollen Kundenbeziehung entwickeln. Hören Sie nie damit auf, Ihre Vision, Ihre Mission und Ihre Leistungen zu kommunizieren. Bieten Sie Ihren Kunden unentwegt Nutzen um Nutzen an und demonstrieren Sie ihnen, wie sich das Versprechen Ihrer Dienstleistungen erfüllen wird.

In vielen Verkaufsseminaren wird ein Akronym gelehrt: ABC. Es bedeutet so viel wie „Always be closing". Eine passende Übersetzung wäre: „Unternehmen Sie alles, damit es zu einem Verkaufsabschluss kommt."

Der Weg des stillen Verkäufers ist aber anders, eher als „Always be communicating" zu sehen: Hören Sie nie auf, mit potenziellen Kunden zu kommunizieren. Lassen Sie jeden und alle wissen, wie Sie Ihren Kunden helfen, ihre Ziele zu erreichen.

5.2.6   Wie Sie über Ihre Leistung sprechen, führt zum Erfolg

Einer der Hauptgründe, warum Entrepreneure oft Schwierigkeiten haben, ein erfolgreiches Business aufzubauen, ist, dass sie Probleme haben, ihre Top-Leistungen und Vorteile klar und auffordernd zu beschreiben. Viele haben keine Ahnung, wie sie sich ausdrücken können, ohne ihr Gegenüber zu verwirren, zu langweilen oder wie alle anderen in der Branche zu klingen.

In vielen Verkaufstrainings wird die Methode des „Elevator-Pitches" trainiert. Dieser ist eine Art mündlicher 60-Sekunden-Werbespot zu den eigenen Leistungen. Dazu wird in der Regel ein Skript erstellt, danach auswendig gelernt und immer wieder eingeübt. Auf die Frage, wer nun aber gerne seinen Elevator-Pitches hält oder ihnen gerne lauscht, höre ich meist ein „Nein". Da stellt sich für mich die einfache Frage: Wenn es niemand gerne macht oder hört, warum wird er dann gelehrt?

Aber die Art und Weise wie es gelingt, das eigene Business zu beschreiben, führt unweigerlich zu mehr Geschäft. Wenn Sie von anderen hören „Erzähl mir mehr davon" oder „Klingt, als ob du meiner Schwester (Tante, Freundin, Kollegin etc.) helfen könntest", dann sind Sie auf einem guten Weg, mehr interessante und erfolgreiche Verkaufsgespräche zu führen.

Es gibt eine sehr einfache Methode, um dies zu fördern – indem Sie Ihr „Für Wen und Was"-Statement parat haben: Sobald jemand wissen möchte, was Sie beruflich machen, antworten Sie spontan mit diesem Statement (ohne ganze Sätze jemals auswendig lernen zu müssen):

▶   „Ich unterstütze *[Zielgruppe]* diese *[Top-Leistung]* zu erreichen."

In meinem Falle klingt dies dann so:
„Ich unterstütze Kreativ-Entrepreneure dabei, mehr Kunden zu finden."

Damit es nicht wie ein starres Statement klingt, gilt es die Bedürfnisse und Wünsche der Zielgruppe zu integrieren. Etwa so:
„Viele Kreativ-Unternehmer wissen nicht genau, wie sie mehr Umsatz generieren können und dabei gleichzeitig weniger Arbeit haben. Ich zeige ihnen einen Weg, wie sie mehr Kunden gewinnen – ganz ohne Kalt-Akquise."

Diese Vorgangsweise führt zu einer natürlichen Konversation. Wenn Ihr Gegenüber interessiert ist und mehr erfahren möchte, ist es leicht, dies weiter auszuführen, ohne dass Sie sich an ein auswendig gelerntes Skript erinnern müssen.

5.2.7 Der Aufbau von Vertrauen und Glaubwürdigkeit

Sobald Ihre potenziellen Kunden entschieden haben, dass Sie ihnen helfen können, ihre Ziele zu erreichen und Probleme zu lösen, wird es Zeit, ihnen zu beweisen, dass Sie ein glaubwürdiger Experte in unserer Branche sind.

Natürlich haben Sie davor Ihre Hausaufgaben gemacht, um Vertrauen aufbauen zu können. Die Standards sind:

- Eine anständige Webseite,
- eine professionelle E-Mail-Adresse,
- gute Portraitfotos,
- grafisch saubere Visitenkarten,
- etc.

Oft sind es die ganz kleinen Dinge, die unser Vertrauen in andere schwinden lassen. Unpünktlichkeit etwa oder das Nicht-Einhalten von zugesagten Terminen und Deadlines sind nur einige Beispiele dafür.

Es ist nicht notwendig, in Ihrer Nische *der* Experte zu sein, aber ein Experte in Ihrem Feld. Dazu ist es nötig, eine Menge über die angebotene Dienstleistung zu wissen und nie aufzuhören, dazuzulernen. Eine Aussage, wie zum Beispiel „Ich bin das Beste, was dir passieren kann!", sollte ganz einfach und selbstbewusst jedem Unternehmer über die Lippen kommen.

5.2.8   Bereit, übers Verkaufen zu reden?

Jetzt, da alle notwendigen Maßnahmen getroffen sind, wird es Zeit, übers Verkaufen an sich zu reden: den Sales-Zyklus.

Dazu benötigen Sie im einfachsten Falle drei Angebote zu verschiedenen Angebotshöhen.

Dadurch können prospektive Kunden selbst entscheiden, welches Angebot am besten passt, in Anbetracht ihrer Bedürfnisse und dem Vertrauen, das sie uns entgegenbringen. Ihre idealen Kunden – vorausgesetzt, sie benötigen, was Sie anbieten – werden lediglich Investitionen in der Höhe des aufgebauten Vertrauens tätigen[3].

An dieser Stelle etwas Inspiration für den Aufbau des Sales-Zyklus:

Angebotsstufe 1: Kostenlos
Die erste Stufe des Sales-Zyklus kann ein kostenloses Event sein. Nutzen Sie Ihre Zeit, nutzen Sie Ihr Publikum und entwickeln Sie etwas in einem Gruppenformat – regelmäßig und kostenlos. Wenn Sie gefragt werden: „Wie kann ich mehr über Sie erfahren?", dann sagen Sie nicht mehr „Treffen wir einander auf einen Kaffee . . . " oder „Kaufen Sie einfach mein Programm", sondern sprechen Sie eine Einladung aus: „Kommen Sie doch zu meinem monatlichen, kostenlosen Breakfast-Meeting". Oder „Besuchen Sie mal mein wöchentliches Webinar".

Es gibt unzählige Möglichkeiten, eine Einladung auszusprechen, sie sollte nur exakt zur Zielgruppe passen. Für Steuerberater mit der Zielgruppe Rechtsanwälte ist es klüger, nicht jeden Monat einen Steuervortrag abzuhalten. Vielleicht würden die Kunden viel lieber zum lokalen Eishockey-Spiel gehen. Der Steuerberater hat als Organisator dabei die Gelegenheit, alle Rechtsanwälte näher kennen zu lernen. Wenn diese dann einmal einen Steuerexperten brauchen, wissen sie auch, wohin sie sich wenden können.

Angebotsstufe 2: Moderat
Im Sales-Zyklus wird auch ein Angebot benötigt, das einen moderaten Preis hat. Wie hoch dieser Betrag sein soll, ist abhängig von Branche und Business. Es sollte sich an den finanziellen Möglichkeiten der Zielgruppe orientieren.

---

[3] Es gibt nur zwei Wege, um Vertrauen aufzubauen: 1. Tun Sie, was Sie gesagt haben, 2. Liefern Sie, was Sie versprochen haben. Wenn dies aktuell noch nicht ganz klar ist, dann ist jetzt ein guter Zeitpunkt, um zu klären, was Sie in Zukunft anbieten werden.

Angebotsstufe 1: Premium

Das 3. Angebot im Sales-Zyklus ist schließlich das Premium-Angebot. Das ist für all jene, die bereits volles Vertrauen in Sie und Ihre Leistungen aufgebaut haben.

Mit der Zeit wird jeder Sales-Zyklus mit mehreren Angeboten gefüllt werden, je nachdem welche Angebote für die Zielgruppe entwickelt und dringend benötigt werden.

Manche Kunden werden sofort zum Premium-Angebot greifen, nachdem sie Sie für z. B. eine Woche kennen gelernt haben – manche sogar gleich nach einem Vortragsevent. Andere wieder kommen zu Ihren monatlichen, kostenlosen Events für mehr als zwei Jahre, bis sie bereit sind, ein erstes Angebot zu kaufen.

Aus diesem Grunde ist es notwendig, niemanden, der sich im Sales-Zyklus befindet, zu verlieren. Sie sollten mit allen prospektiven Kunden stets in Verbindung bleiben. Entweder direkt und persönlich oder durch eine Art Gruppen-Kontakt.

Die einfachste Form mit vielen Kunden eine langfristige Verbindung zu pflegen, ist immer noch der E-Mail-Newsletter. Um damit beginnen zu können, ist es praktikabel und empfehlenswert, einen der vielen Newsletter-Dienste wie z. B. „Mailchimp" oder „GetResponse" zu nutzen und eine regelmäßige Gewohnheit für die Kommunikation mit den gesammelten Leads zu entwickeln (genau dafür haben Ihre Kunden ja deren E-Mail-Adresse hinterlassen).

Wie oft sollten Sie Ihre Kunden mit dem Newsletter kontaktieren? Vielleicht wöchentlich oder doch eher monatlich? Hier gibt es keine Faustregel, jeder muss da seine eigene Frequenz finden. Aber Achtung: Wenn die Newsletter-Frequenz weniger als monatlich ist, kann der gegenteilige Effekt eintreten: Nach einer zu langen inaktiven Zeitphase haben prospektive Kunden oft vergessen, warum sie sich in eine Mail-Liste eingetragen haben und melden sich wieder ab.

Wenn Sie regelmäßig mit wertvollen Inhalten im Leben Ihrer Kunden und Leads auftauchen, haben diese Sie auch auf dem Schirm, wenn sie dann Ihre Dienstleistung benötigen.

Eine der einfachsten Formen der Leadgenerierung ist auf der eigenen Webseite ein für die Zielgruppe relevantes Info-Produkt anzubieten.[4]

5.2.9 Kann ich bitte etwas kaufen?

Wenn alle Elemente des Business-Modells Schritt für Schritt aufgebaut und implementiert wurden sowie das Marketing effizient läuft, dann wird es immer wieder geschehen, dass Kunden von sich aus um ein Verkaufsgespräch bitten. Ganz ohne Druck auszuüben und ohne Manipulationen. Was für ein Luxus!

Es ist jedoch auch notwendig, die Initiative zu ergreifen und aktiv Gelegenheiten für ein Verkaufsgespräch zu suchen.

---

[4] Mehr Infos zum Thema Leadgenerierung für kleine, lokale Unternehmen sind auf meiner Webseite unter dem Link www.zerenko.com/infos zu finden.

Die meisten stillen Verkäufer fürchten sich davor und würden sich lieber in einem Loch verstecken – ich selbst kann das nur zu gut verstehen. Aber es gibt einen sehr einfachen, effektiven und gar nicht furchterregenden Weg für ein Verkaufsgespräch, das oft zu einem „Ja" führt. Vorausgesetzt, das Gespräch wird zur richtigen Zeit mit der richtigen Person geführt.

Dieses Gespräch ist wie jedes gute Gespräch als Dialog aufgebaut und folgt einem einfachen Fragemuster:

- Was möchten Sie erreichen?
- Wie fühlt es sich an, wenn Sie es erreicht haben?
- Brauchen Sie Hilfe, um Ihr Ziel zu erreichen?
- Möchten Sie, dass ich Ihnen dabei helfe?

Der Grund für diesen Dialog ist einfach: Wenn Sie Ihre prospektiven Kunden nicht über deren Problemstellungen befragen, dann berauben Sie sich der Gelegenheit, einen Hebel für die spezifische Problemstellung anzusetzen. Dadurch nehmen Sie sich wichtige Argumente, warum Ihre Kunden mit Ihnen – und nur mit Ihnen – zusammenarbeiten sollten.

Natürlich führt auch dieses Dialogmuster – wie alle Verkaufsgespräche – nicht immer zu einem Abschluss, aber es funktioniert wesentlich besser als alles andere, das ich versucht habe.

Um es nochmals auf den Punkt zu bringen: Marketing bringt keine Kunden – es schafft lediglich Aufmerksamkeit für Ihre Person und Ihre Dienstleistungen oder Produkte. Wenn Sie diese Aufmerksamkeit generieren, werden prospektive Kunden kommen. Sie werden Ihr Business-Fundament prüfen, ob sie Ihnen vertrauen können, ob Sie ihre Bedürfnisse erfüllen und Sie ein Ergebnis bieten, das ihre Probleme löst.

Wenn es Ihnen gelingt, so zu sprechen, dass Sie leicht verstanden werden und Sie eine Strategie haben, um das Vertrauen Ihrer Kunden zu gewinnen, dann werden diese sich Ihre Angebote ansehen und zu dem für sie richtigen Zeitpunkt, von sich aus um ein Verkaufsgespräch bitten. Mit diesem einfachen Verkaufs-Dialog wird es Ihnen gelingen, den Kunden zu gewinnen. Nicht immer, aber immer öfter.

5.2.10   Und jetzt ist es Zeit für etwas Werbung

Aufgepasst: Da nun die Struktur für eine andere Art des Verkaufes vor Ihnen liegt, sind Sie nur noch einen Schritt davon entfernt, sich in die Tätigkeit von Marketing und Vertrieb zu verlieben. Um Ihrem eigenen Business-Modell richtig Schwung zu verleihen, braucht es noch das richtige Marketing, damit in Zukunft nur noch ideale Kunden in den Sales-Zyklus finden.

Die 6 folgenden Marketing-Strategien werden dazu führen, in sehr kurzer Zeit genügend neue Kunden zu finden. Keine der Strategien wird Ihnen unbekannt oder völlig neu erscheinen. Ich bin mir sicher, die eine oder andere Strategie haben Sie schon eingesetzt:

1. Netzwerken,
2. für neue Kontakte sorgen,
3. Empfehlungs-Marketing,
4. Vorträge halten,
5. Publizieren von wertvollen Inhalten,
6. Online-Marketing und Social Media.

Wählen Sie jene Strategien, die mit Ihren Fähigkeiten im Einklang stehen und bleiben Sie dabei. Es ist nicht notwendig, alle Strategien auf einmal zu nutzen.

Nur die ersten drei Strategien (Netzwerken, Neue Kontakte, Empfehlungsmarketing) sind zwingend erforderlich, die Strategien 4–6 (Vorträge, Publizieren, Web-Marketing) werden optional eingesetzt.

Es wird Sie vielleicht überraschen, dass auch die Web-Strategien nur optional sind. Aber eine professionelle Webseite, die in der Lage ist, einen Dialog mit einem potenziellen Kunden zu beginnen, ist heutzutage Grundvoraussetzung, um Erfolg zu haben. Darüber hinaus halte ich es nicht für zwingend notwendig, zusätzliche Online-Marketing-Strategien zu nutzen. Wenn Sie dies gerne tun und können, wirken solche modernen Digital-Strategien wie ein Turbolader für den Vertrieb, sind aber kein Must-have.

Der größte Fehler wäre, alle sechs angeführten Strategien auf einmal vom Stapel zu lassen. Meist führt dies rasch zu Überforderung und Frustration. Die mit so viel Energie begonnenen Aktivitäten werden dann schnell wieder eingestellt, bevor sich erste Erfolge zeigen können.

Meine Empfehlung ist daher immer, die drei zwingend nötigen Marketing-Strategien umzusetzen und je nach Fähigkeit und Leidenschaft eine der optionalen dazu zunehmen.

5.2.11 Das eigene Netzwerk pflegen

Ich gebe gerne zu, dass ich nie ein begnadeter Netzwerker war und es eher vermieden habe, jeden Abend eine andere Netzwerk-Veranstaltung zu besuchen. Für mich war es nichts anderes als eine abgeänderte Form von Kalt-Akquise. Alle diese Events waren gut besucht von Menschen, die versuchten, am Buffet oder in Pausengesprächen ihren Elevator-Pitch abzuspulen. Immer in der Hoffnung, zumindest einen Termin zu ergattern. Potenzielle Kunden gingen in Deckung vor der drohenden Visitenkarten-Flut und langweiligen Verkaufsgesprächen, die alle als Smalltalk getarnt waren.

Für den neuen Netzwerk-Ansatz brauchen Sie nur etwa 90 Namen und die dazugehörigen E-Mail-Adressen. Dieses persönliche „*Netzwerk der 90*" ist aus Personen geformt, die

Sie gut kennen und mit denen Sie eine tiefere Beziehung aufbauen möchten. Dies können klarerweise auch potenzielle Kunden sein.

Es macht bei dieser Art von Netzwerken viel Sinn etwas über den Tellerrand zu denken:

- Wer kann Sie mit prospektiven Kunden in Verbindung bringen?
- Wer ist in der Lage und willens Ihre Botschaft zu verbreiten?
- Wer wären gute Marketing-Partner?

Um mit diesen Personen eine tiefere Beziehung aufzubauen, ist es notwendig, mit dem „Netzwerk der 90" in regelmäßigem Kontakt zu stehen – zumindest einmal im Monat.

Damit dies leicht gelingt und nicht jeden Tag zu einem Nachdenk-Marathon wird, gibt es eine einfache Regel: Teilen Sie immaterielle, wertvolle Dinge.

Sie können dabei:

- **Ihr Wissen teilen:** Teilen Sie einen Artikel oder Beitrag, der für das Netzwerk der 90 interessant ist.
- **Das eigene Netzwerk teilen:** Machen Sie die Personen in Ihrem Netzwerk der 90 untereinander bekannt.
- **Ihre Wertschätzung teilen:** Rufen Sie bei positiven Nachrichten von einem Ihrer Netzwerk-Partner einfach an, um zu gratulieren oder schreiben Sie ein paar nette Worte.

Wenn Sie diese einfachen drei Dinge täglich bei drei Personen anwenden und so durch Ihr gesamtes „Netzwerk der 90" rotieren, erreichen Sie jeden zumindest einmal im Monat – ohne jemals wieder ein Netzwerk-Event besuchen zu müssen.

5.2.12   Für einen stetigen Strom neuer Kontakte sorgen

Im Gegensatz zum Netzwerken geht es hier darum, eine Beziehung zu Menschen aufzubauen, die Sie noch nicht kennen, die Ihnen aber im Business hilfreich sein können.

Ihre „Liste der 20 neuen Kontakte" besteht aus Personen, die in Zukunft in Ihrem „Netzwerk der 90" sein werden, aber zum aktuellen Zeitpunkt noch nicht sind.

Wie können Sie dies erreichen? Kontaktieren Sie jeden Arbeitstag *eine* Person aus Ihrer „Liste der 20" und beginnen Sie dadurch eine neue Beziehung aufzubauen.

Abhängig davon, wen Sie auf Ihre Liste gesetzt haben, wird es manchmal nur einen Tag benötigen, manchmal aber auch drei Monate, um die ersten Ergebnisse zu sehen.

Ein Beispiel: Wenn Sie mit der lokalen Bibliothekarin in Kontakt kommen wollen, um künftig Ihre Vorträge dort abzuhalten, dann gehen Sie einfach in die Bibliothek und stellen Sie sich persönlich vor. Wenn Sie jedoch Kontakt zu einem Prominenten benötigen, dann beginnen Sie damit, Kommentare in seinem Blog zu hinterlassen, seinen Newsletter zu abonnieren, ihm auf Facebook oder Xing zu folgen, um zu guter Letzt ein persönliches E-Mail an ihn zu richten. Sie werden überrascht sein, was sich daraus entwickeln kann, wenn Sie einen so konzentrierten Ansatz verfolgen.

Mit dieser Strategie bin ich selbst in Kontakt mit Autor Michael Port getreten und bin immer noch begeistert, was daraus geworden ist.

5.2.13   Empfehlung – die wohl effektivste Marketing-Strategie

Wenn ich meine Kunden frage, welche der Marketing-Strategien, die sie einsetzen, die wohl beste sei, kommt immer die gleiche Antwort: Empfehlungs-Marketing oder – wie die meisten sagen – Mund-zu-Mund-Propaganda. Das Problem mit den Empfehlungen ist jedoch, dass die meisten sich dabei auf den Zufall verlassen, statt es strategisch anzugehen. Auch noch so begeisterte Kunden haben Wichtigeres zu tun, als den lieben, langen Tag über eine Empfehlung für Sie nachzudenken.

Es gibt zwei Wege, um mehr Empfehlungen zu erhalten:

Die erste ist, selbst immer wieder für Empfehlungen zu sorgen. Suchen Sie sich fünf andere Experten oder Marketingpartner, die in der gleichen Zielgruppe arbeiten, wie Sie selbst, aber in keinem direkten Wettbewerbsverhältnis zu Ihnen stehen. Setzen Sie es sich zum Ziel, Ihre „Gruppe der 5" konzentriert und permanent mit einem Strom von Empfehlungen zu versorgen. Schon bald wird ihre „Gruppe der 5" Ihr wohlwollendes Vorgehen bemerken und selbst beginnen Sie mit Empfehlungen zu versorgen. Einfach, oder?

Der zweite Ansatz ist, selbst pro-aktiv nach Empfehlungen bei Ihren besten Kunden zu fragen. Dies setzt voraus, dass Sie Ihre Kunden unterrichtet haben, welche Empfehlungen Sie benötigen und wo Sie am einfachsten gute Empfehlungen für Sie finden können.

5.2.14   Ein Turbo für das eigene Marketing

Die optionalen Marketing-Strategien – Vorträge halten, Artikel publizieren und Online-Marketing – machen viel Spaß, je mehr Sie sich darauf einlassen; vorausgesetzt, Sie stehen in Resonanz mit diesen Themenfeldern und können dafür eine Leidenschaft entwickeln.

Ich finde, es braucht viel Zeit und Muße, die Skills für eine gute Bühnenperformance zu entwickeln oder den Schreibstil zu verbessern. Ebenso ist im Online-Marketing lebenslanges Lernen angesagt – so schnell verändert sich hier die Technologie und neue Plattformen sowie Innovationen tauchen auf.

Wenn es jedoch gelingt, diese Strategie zu utilisieren und für das eigene Business einzusetzen, wirkt es wie Marketing mit Turbolader.

5.3   Wissen alleine reicht nicht, es geht immer ums Tun

Alles, was Sie in meinem Beitrag und in den Beiträgen meiner Kollegen in diesem Buch gelesen und erfahren haben, wird Ihnen mehr Kunden bringen – aber nur, wenn Sie diese Empfehlungen und Tipps auch anwenden.

Jeden einzelnen Tag im Jahr arbeiten meine Kunden mit meiner Unterstützung mit viel Einsatz an ihrem eigenen Business. Und – wie Sie selbst gelesen haben – ist es keine Raketenwissenschaft, es umzusetzen. Es benötigt jedoch Ausdauer, um alle wesentlichen Teile Schritt für Schritt ins eigene Business-Modell einzufügen.

Sie wissen nun, wer Ihre idealen Kunden sind und wie Sie sicherstellen, in Zukunft nur noch mit jenen zu arbeiten, die Sie inspirieren und die Ihnen Energie verleihen.

Sie haben Ihre Zielgruppe identifiziert, für die Sie die meiste Leidenschaft empfinden. Sie kennen deren Bedürfnisse, Probleme und Wünsche, um daraus Ihr Top-Angebot zu entwickeln.

Sie haben erfahren, wie einfach es sein kann, Ihre Dienstleistung zu beschreiben, und wie gut es sich anfühlt, als Experte vor die Zielgruppe zu treten.

Die Funktion des Sales-Zyklus ist Ihnen genauso geläufig, wie die Notwendigkeit, mit Ihren prospektiven Kunden so lange in Verbindung zu bleiben, bis sie bereit sind, mit Ihnen Geschäfte zu machen.

Sie werden in Zukunft ihre Networking-Strategie auf eine neue Ebene heben, für einen permanenten Strom von neuen Kontakten sorgen und auch Ihr Empfehlungs-Marketing systematisieren können.

Alles, was ich Ihnen versucht habe zu vermitteln, ist wichtig. Am wichtigsten erscheint mir jedoch, noch einmal auf die philosophischen Grundlagen aufmerksam zu machen: Es gibt ideale Kunden, für die Sie wie geschaffen sind. Diese warten nur darauf, mit Ihnen in Kontakt zu treten. Wenn es ihnen gelingt, diese idealen Kunden zu finden, dann geben Sie diesen immer Ihre wertvollste Leistung – mehr als diese von Ihnen erwarten. Und dann geben Sie noch etwas mehr davon.

Es gibt nur zwei Gründe, warum Unternehmer zu wenige Kunden finden: Sie wissen nicht, was zu tun ist. Und wenn sie es wissen, dann tun sie es nicht. Ich denke, Sie wissen jetzt, was zu tun ist, und es gibt keine Ausrede mehr, so viele Kunden zu gewinnen, wie Sie gerne haben möchten.

Am Ende meiner Ausführungen und Inspirationen reiche ich Ihnen gerne meine Hand und biete Ihnen die Möglichkeit, mit mir in Verbindung zu bleiben. Auf meiner Webseite www.zerenko.com bekommen Sie viel Support und weiterführende Informationen.

Ich möchte mich am Ende unserer gemeinsamen Reise für Ihre Zeit bedanken. Es bedeutet mir viel, dass Sie Freiräume in Ihrem gefüllten Kalender gefunden haben, um meinen Beitrag und meine Tipps zu lesen. Ich bin überzeugt, dass meine Prinzipien, Strategien, Techniken und Tipps einen wertvollen Impact auf ihr Business und das Ihrer Kunden haben werden.

Ich hoffe, dass der Weg des stillen Verkäufers Sie dabei unterstützt, eine Liebesaffäre zu Marketing und Vertrieb zu entwickeln und es ihnen Spaß bereitet, jeden Tag daran zu arbeiten, noch mehr ideale Kunden zu gewinnen.

Topaktuelles Wissen für die Praxis

2013. XII, 258 S. 48 Abb. Brosch.
€ (D) 29,99 | € (A) 30,83 | * sFr 37,50
ISBN 978-3-658-01417-9 (Print)
€ (D) 22,99 | * sFr 30,00
ISBN 978-3-658-01418-6 (eBook)

2014. XIX, 167 S. 34 Abb. in Farbe. Geb.
€ (D) 19,99 | € (A) 20,55 | * sFr 25,00
ISBN 978-3-658-03589-1 (Print)
€ (D) 14,99 | * sFr 20,00
ISBN 978-3-658-03590-7 (eBook)

2014. XIV, 325 S. 48 Abb. Brosch.
€ (D) 29,99 | € (A) 30,83 | * sFr 37,50
ISBN 978-3-658-03611-9 (Print)
€ (D) 22,99 | * sFr 30,00
ISBN 978-3-658-03612-6 (eBook)

2015. X, 261 S. 7 Abb. Brosch.
€ (D) 29,99 | € (A) 30,83 | * sFr 37,50
ISBN 978-3-658-03613-3 (Print)
€ (D) 22,99 | * sFr 30,00
ISBN 978-3-658-03614-0 (eBook)

2015. XVIII, 207 S. 47 Abb. Brosch.
€ (D) 29,99 | € (A) 30,83 | * sFr 37,50
ISBN 978-3-658-05774-9 (Print)
€ (D) 22,99 | * sFr 30,00
ISBN 978-3-658-05775-6 (eBook)

2015. XIV, 115 S. Geb.
€ (D) 29,99 | € (A) 30,83 | * sFr 32,00
ISBN 978-3-658-07507-1 (Print)
€ (D) 22,99 | * sFr 25,50
ISBN 978-3-658-07508-8 (eBook)

2016. Etwa 300 S. Geb.
€ (D) 29,99 | € (A) 30,83 | * sFr 37,50
ISBN 978-3-658-07497-5 (Print)
€ (D) 22,99 | € * sFr 25,50
ISBN 978-3-658-07498-2 (eBook)

2016. Etwa 300 S. Geb.
€ (D) 29,99 | € (A) 30,83 | * sFr 37,50
ISBN 978-3-658-07509-5 (Print)
€ (D) 22,99 | € * sFr 25,50
ISBN 978-3-658-07510-1 (eBook)

2015. Etwa 70 S. Geb.
€ (D) 19,99 | € (A) 20,55 | * sFr 21,50
ISBN 978-3-658-05782-4 (Print)
€ (D) 14,99 | * sFr 17,00
ISBN 978-3-658-05783-1 (eBook)

Jetzt bestellen: springer.com/shop

Zeitfracht Medien GmbH
Ferdinand-Jühlke-Straße 7
99095 Erfurt, Deutschland
produktsicherheit@kolibri360.de